Re-스타트, 다시 시작하는 교육

새로운 교육의 시대,
세계는 어떻게 변화하고 있는가

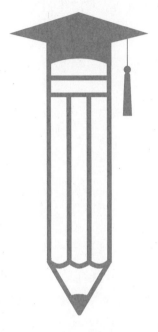

Re-스타트,
다시 시작하는 교육

김선·강성우 지음

혜화동

교육의 패러다임을 바꿔라

독일, 미국, 싱가포르, 영국, 핀란드의 교육 제도와 정책을 교육의 핵심 철학과 사회 문화적 배경을 바탕으로 고찰했던《교육의 차이》가 예상했던 것 이상으로 좋은 반응을 얻으면서 많은 언론과 잡지와 인터뷰 기회를 얻었다. 인터뷰 중 가장 많이 들었던 질문이 "우리나라 교육의 방향이 어느 쪽으로 가야 한다고 생각하십니까?"라는 것이었다.

아직 주니어 학자인 내가 이런 거시적인 문제에 의견을 표명하는 것이 자칫 설익은 미숙한 판단은 아닐지 조심스러워 그 당시에는 직접적인 대답을 아꼈다. 하지만 후에 곱씹어 보니 우리 교육의 방향은 국가적인 문제만이 아니라 우리 아이의 미래를 위한 문제이고 우리 모두가 고민해야 할 문제라는 생각이 들었다. 그래서 교육에 대해 고민하고 해결책을 찾아가는 과정에 있는 이들과 소통하고 싶은 마음이 생겼다. 어쩌면 이 책은 우리나라 교육 방향을 고민하고 있는 선생님, 학부모, 학생들은 물론 교육에 관심이 있는 모든 이들과 소통을 하기 위한 나의 작은 시도일 수도 있겠다.

《교육의 차이》를 세상에 내놓은 이후 나에게 주어진 또 다른 소중한 기회는 EBS 〈교육저널〉에 고정 패널로 출연하게 된 것이었다. 〈교육저널〉은 한국 교육이 당면한 문제들을 토론하는 프로그램이었는데, 교육학자뿐만 아니라 컴퓨터 프로그래머, 심리학자, 건축학자, 국회의원 등 다양한 분야의 전문가와 함께 우리 교육을 논의하고 새로운 제안을 하는 형식으로 꾸며졌다. 이 프로그램에서 처음 다룬 주제가 바로 '4차 산업혁명과 교육'이었다.

처음 교육 전문가로 방송에 출현하는 것에 학자로서 의욕이 넘쳤던 나는 4차 산업혁명 관련 자료를 도서관에서 찾아 가며 연구를 시작했고, 관련 책과 보고서, 기사를 읽으면 읽을수록 4차 산업혁명이 가지고 올 변화와 진보야 말로 교육의 패러다임을 송두리째 바꿀 만한 중요한 주제라는 생각이 들었다. 그리고 〈교육저널〉에 출연한 우리나라 최고의 전문가들과 4차 산업혁명과 관련된 주제에 대해 다각적으로 대화하고 배우면서 이 문제를 가지고 '미래 교육'을 논하는 책을 써야겠다는 다짐을 했다.

《Re-스타트, 다시 시작하는 교육》은 '4차 산업혁명을 어떻게 대비해야 할까'와 '우리 교육이 나아가야 할 방향은 어떻게 달라져야 할까'라는 두 가지 질문에 대한 고민이 만나서 탄생한 책이다.

과거 산업화 시대를 살았던 세대들은 남들보다 일찍 일어나 저녁 늦게까지 묵묵히 열심히 일하는 삶을 가치 있게 여겼다. 사실, 산업화 시대를 살았던 우리 부모님 세대는 세계 어느 나라 사람들보다도 성실하고 치열하게 일했다. 우리나라는 그들의 헌신을 통해 세계가 놀랄만한 성장을 이루어 내었다. 노동의 절대적인 양과 질이 보수와 밀접하게 연결되었던 산업화 시대를 살아온 부모는 이를 진리라 믿었고 자신의 자녀들도 그렇게 살기를 바랐다.

하지만 세상은 빠르게 변화하고 있다. 세계적인 미래학자인 앨빈 토플러(Alvin Toffler)는 2007년 한국을 방문했을 때, "한국 학생들이 미래에는 쓸모가 없어질 지식 습득을 위해 하루에 15시간씩 소비하고 있다."라는 말로 현재 한국 교육의 단면을 보여 주었다. 미래 세대의 학생들도 성실하고 치열하게 일해야 하지만, 새로운 시대에 맞는 방향을 찾고 교육도 이에 맞추어 바꾸어야 한다. 왜냐하면 미래에는 단순 작업과 같은 업무는 자동화되고 인간의 창의성을 요구하는 업무가 늘어날 것이기 때문이다. 따라서 인적 자본에 대한 투자는 여전히 중요하고 확대되어야 하며, 이제는 속도보다는 방향에 초점을 맞추어야 할 때이다.

4차 산업혁명으로 직업의 세계가 이미 빠르게 변화되고 있는 만큼 교육 환경과 패러다임 역시 완전히 새로운 방향으로 변모해야 한다. 우리가 과거에 선망했던 직업들이 인공지능(AI)과 같은 기계에 빠르게 대체되고 전에 없었던 새로운 직종들이 계속 생겨나면서, 미래 사회에 필요한 역량과 인재상은 이전과는 다르게 바뀌고 있다. 이제는 얼마나 성실하게 일하느냐보다 어떤 방식으로 일하느냐가 중요하다. 다음 세대에게 필요한 역량은 단순한 주어진 일에 대한 빠른 습득과 적응이 아니라 기계와 함께 일하는 능력과 기계가 하지 못하는 영역에 대한 개척이라고 할 수 있다.

미래 세대는 AI와 같은 첨단 기계와 맞서는 대신 협력하는 능력을 길러야 한다. 많은 사람들이 AI가 인간의 직업을 빼앗아 갈 것이라고 두려워하지만 사실 인간이 기계와 협력할 수 있게 되면 더 창의적이고 효과적인 일을 할 수 있는 여지가 많아질 것이다. 즉 종전의 단순 반복 업무를 AI가 담당하고 인간은 자신의 적성과 흥미에 맞는 일에 투자할 수 있는 여유를 갖게 된다는 것이다. 물론 이러한 장밋빛 미래는 새로운 시대에 맞는 사회 문화적 인프라와 제도적 장치가 잘 작동되어 자동화 시대에 맞는 교육 및 노동 환경이 정착되었을 때에나 가능한 일이다.

AI와 같은 첨단 기계는 정해진 규칙과 정보, 사례를 바탕으로 예측과 추측, 추론은 가능하지만 색다르고 특수한 사례에 대응하고 새로운 것을 창조할 수 있는 능력은 없다. 그래서 미래에는 기계가 할 수 없는 일을 할 수 있는 능력이 중요하게 부각될 것이다. 주어진 문제를 해결하기 위해 새로운 변화에 필요한 기술을 습득하고 전문 지식을 활용할 수 있는 복합 해결 능력(Complex Problem Solving)을 포함해서 말이다. 이와 같은 역량은 이전 세대에게 요구되지 않았던 것이다.

또한 기계로 대체될 수 없는 능력인 예술적 감성적 능력, 즉 아름다움을 창조하는 감성 지능, 인문학적 소양, 예술적 상상력 등과 같은 역량이 필요하다. 이를 위해선 새로운 생각이나 개념을 생각해 내는 '아이디어 떠올리기'의 과정(영어로는 ideation이라고 한다)이 필요하며, 이 과정을 통해 '상자 밖에서 생각(thinking outside the box)' 즉 고정관념을 벗어난 사고를 할 수 있는 인지적 유연성을 길러야 한다.

미래 교육의 과제는 다음 세대에게 요구되는 새로운 역량이 무엇이며 어떻게 키워 줄 수 있을까라는 근본적인 질문과 맞닿아 있고, 다음 세대가 선택할 수 있는 새로운 직종들에 대한 탐구는 우리 교육의 핵심 주제가 될 것이다.

이 책은 교육학자와 인문학자 그리고 아내와 남편의 융합 과정을 통해 탄생한 책이기도 하다. 한일 관계를 전공한 역사학자이지만 서양사에 대해서도 방대하게 공부를 한 인문학자인 남편은 내가 보지 못하는 부분에 대한 혜안이 있었고, 4차 산업혁명과 인문학 교육과 관련된 내용을 함께 연구하고 의논하면서 쓸 수 있었다. '감성 지능'과 '예술교육'의 중요성을 재발견하고 이와 관련된 새로운 장을 포함시키게 된 것도 바로 이 함께하는 과정에서 이루어졌다.

그리고 이 공동 작업에서 얻은 가장 큰 수확은 우리 아이의 교육에 대해 많은 의견을 공유하고 나눌 수 있었다는 것이다. 남편은 인문학자로, 나는 사회과학자로 교육을 받았기 있기 때문에 우리는 국가관, 사회관, 역사관은 물론이고 교육관도 많이 달랐다. 하지만 '4차 산업혁명과 교육'이라는 미래의 문제를 같이 연구하고 논의하면서 미래 시대를 살아갈 우리 아이를 어떻게 키워야 하는지 끊임없이 대화하고 소통할 수 있었다. 책을 공저하는 과정이 없었더라면 놓쳤을 뻔한 중요한 과정이었다!

남편과 나는 아이를 재우고 나서 피곤한 몸을 이끌고 원고 작업을 했다. 때론 격렬한 논쟁을 벌이기도 하고, 이런 부분은 우리 아이에게 꼭 가르쳐야겠다 하면서 함께 다짐을 하기도 했다. 원고를 같이 쓰는 작업 자체가 우리 아이의 미래에 대해 그리고 교육에 대해 서로의 의견을 조율해 나가는 과정이 되었는데, 이러한 의논의 '과정'이 책을 읽는 독자들에게도 전달되었으면 하는 바람이다.

마지막으로 이 책이 나오는 데 도움을 주신 분들께 감사의 인사를 전하고 싶다. EBS 〈교육저널〉을 통해 '4차 산업혁명'의 세계로 인도해 주신 김현 PD님과 한유진 작가님, 우리 부부의 소중한 친구이자 책을 쓰는 데 많은 도움을 준 현주와 석영씨 부부, 교육학 지식을 대중적으로 소통하는 데 아낌없는 도움을 주신 이학준 기자님, 그리고 출판사 이상호 대표님과 권은경 편집장님께 깊은 감사의 마음을 전한다.

김선, 강성우

목차

제2장 • 소프트웨어 교육, 이대로 괜찮은가

제3장 • 디지털 네이티브 세대를 위한 수학 교육

제4장 • 4차 산업혁명 시대에 더 중요해진 예술교육

제5장 • 미래 교육의 토대, 인문학 교육

1장

4차 산업혁명과 변화하는 세상, 그리고 교육

인공지능과 인간의 대결

2016년 3월, 인공지능 알파고(Alpha-Go)와 세계 최고의 실력을 자랑하는 대한민국 바둑 기사 이세돌의 바둑 대결은 인공지능(AI: Artificial Intelligence) 시대의 도래를 알린 신호탄과 같은 사건이었다. '구글 딥마인드 챌린지 매치(Google DeepMind Challenge Match)'라는 이름의 이 대결은 2016년 3월 9일부터 15일까지 5회에 걸쳐서 서울의 한 호텔에서 진행되었다. 인공지능에 대한 세계적인 관심을 드러내듯 알파고와 이세돌의 대결은 우리나라뿐 아니라 전 세계에 생중계되었다. 이 대국의 결과는 충격적이게도 4승 1패로 알파고의 승리로 끝났다.

'알파고 쇼크' 이후 3년이 지난 2019년에도 최근 은퇴를 선언한 이세돌 9단은 은퇴 대국으로 우리나라의 NHN이 만든 한돌*과 다시 격돌하였다. 시작부터 이세돌이 유리하도록 2점을 미리 주는 방

---

*   한돌은 2019년 중신증권배 세계 AI바둑대회에서 3위를 차지한 바 있다.

식의 접바둑 형태로 진행된 은퇴 대국의 첫 승은 이세돌에게 돌아갔다. 그러나 동일 조건의 맞바둑 곧 '호선(互先)'으로 맞붙게 된 제2국은 결국 한돌의 승리로 돌아갔다.

세계 최고의 인간 바둑 기사를 격파한 인공지능에 대한 관심은 어느 때보다도 높다. 많은 사람들이 인공지능의 발전이 어디까지 왔는지, 인공지능으로 대표되는 미래 기술이 우리 사회의 변화를 어떻게 이끌어 갈지 궁금해 한다.

인공지능 알파고를 만든 회사는 딥마인드(DeepMind Technologies Limited)라는 영국의 인공지능 프로그램 개발 회사인데, 인공지능 관련 산업에 투자를 확대하던 세계적인 IT기업인 구글(Google)이 2014년 약 4800억 원에 인수했다.

딥마인드의 설립자인 데미스 허사비스(Demis Hassabis)는 영국의 천재 과학자로 알려진 인물이다. 그는 13세에 세계 유소년 체스 대회에서 2위를 했고, 15세에 고등학교를 졸업하고 케임브리지 대학에서 컴퓨터 공학 학사를, 런던 대학(UCL: University College London)에서 인지신경과학 박사를 받은 재원이다. 박사 과정을 마친 후에는 다른 영국의 동료들과 함께 딥마인드를 공동 창업했다. 이 회사는 신경 과학과 머신러닝(Machine Learning)* 기술의 결합에 주목하여 인공지능 프로그램을 개발했고, 다가오는 인공지능 발전에 따른 세상의 변화를 세계에 널리 알린 상징적인 기업이자 혁신적인 기업의 상징이 되었다.

인공지능, 어디까지 왔나

기계가 직접 데이터를 학습(러닝)함으로써 그 속에 숨겨진 규칙성을 찾아내는 머신러닝과 이의 한 부분으로 파생되어 발전한 딥러닝(Deep Learning)이 인공지능의 핵심 개념이다. 딥러닝은 컴퓨터가 인공 신경망 알고리즘[**]을 바탕으로 데이터를 분류하는 능력을 습득하여 '스스로 학습'하는 것을 말한다. 컴퓨터는 스스로 정보를 습득하고 처리함으로써 다양한 분야에서 '학습 알고리즘'을 생산해 낸다. 이는 컴퓨터가 미리 준비된 프로그램을 단순하게 실행하는 것이 아니라 습득된 정보를 바탕으로 스스로 문제를 해결하고 더 나아가 스스로 학습하는 것을 의미한다.

　머신러닝 및 딥러닝 기술은 이미 의료, 예술, 교육 등 여러 분야에 적용되고 있다. 가장 대표적인 예가 의료 분야에서 활용되는 IBM의 인공지능 로봇 왓슨(Watson)이다. IBM의 전설적인 CEO 토머스 왓슨(Thomas Watson)을 기리기 위해 그의 이름을 붙인 왓슨은 딥러닝

---

[*]　스탠퍼드 대학의 교수이자 인공지능 분야의 개척자인 아서 사무엘은 "기계가 일일이 코드로 명시하지 않은 동작을 데이터로부터 학습하여 실행할 수 있도록 하는 알고리즘을 개발하는 연구 분야"를 머신러닝이라고 정의했다. 즉 기계가 미리 입력된 코딩이 없어도 스스로 학습할 수 있도록 하는 기술을 머신러닝이라 한다. Samuel, A., 〈Some Studies in Machine Learning Using the Game of Checkers〉, 《IBM Journal of Research and Development》3(3), (1959), pp. 210−229

[**]　인간의 중추신경계를 연결하는 뉴런의 네트워크 모델에서 영감을 받아 발전된 통계적 학습 알고리즘으로 마치 인간의 뇌처럼 '노드(nod)'라고 불리는 인공 뉴런이 학습을 통해 연결 네트워크의 세기 및 모양, 입력 방향을 바꾸면서 문제 해결 능력을 배양하게 된다.

기술을 사용하여 하루에 수백 건의 논문 내용을 학습하고 암 환자의 방대한 병리학 이미지 데이터를 분석한다. 이렇게 습득한 데이터를 바탕으로 암 세포를 특정할 수 있는데, 유방암 암 세포의 경우 진단의 정확성이 92%에 달한다고 한다. 이는 암 환자 진단 분야에서 세계 최고 수준의 병리과 의사보다 더 빠르고 정확한 수치였다.[1]

또한 엄청난 데이터 프로세싱 능력을 가진 왓슨은 수술 자료 데이터를 참고 및 분석하여 인간보다 더 성공적으로 수술을 수행할 수도 있다는 결과도 있다. 왓슨은 진단 단계에서뿐만 아니라 임상 병리학, 유전자 데이터 분석, 수술에 이르기까지 그 활동 영역을 점점 확장하고 있다.

인공지능 기술은 인간의 전유물이라고 생각되는 예술과 같은 창조적인 영역에도 활발히 적용되고 있다. 작곡은 인간의 정서와 감정을 다루기에 인간만이 할 수 있는 신성불가침의 영역으로 여겨졌지만 그 신화도 무너지고 있는 듯 보인다. 예일 대학의 인공지능 연구팀에서는 딥러닝 기술을 이용해 쿨리타(Kulitta)라는 인공지능 프로그램을 만들어 바흐풍의 음악을 작곡하도록 했다. 100명에게 쿨리타가 작곡한 음악을 들려주었는데 그 누구도 인공지능이 만든 음악이라고 생각하지 않았을 정도로 정교했다.[2]

구글이 만든 스스로 음악을 작곡할 수 있는 마젠타(Magenta)[3]라는 프로그램은 인공지능이 가진 창조적인 활동의 가능성을 보여 주었다. 마젠타 프로젝트를 지휘하는 구글의 기술자는 전 세계 기술자와 사업가들을 상대로 마젠타를 소개하는 콘퍼런스에서 인공지능

Re·스타트, 다시 시작하는 교육

과 인간 작곡가의 협업 가능성에 대해 발표하며 이렇게 외쳤다.

"우리의 목표는 인공지능과의 협업을 통해 우리가 지금 가지고 있는 음악의 경계(boundary)를 확장하는 것입니다!"

그뿐만 아니라 인류의 정신 문화유산으로 생각되는 문학 분야에서도 인공지능 기술이 적용되어 사람들을 놀라게 했다. 일본에서는 인공지능이 쓴 소설이 문학상 후보에 오른 일도 있다. 인공지능의 고독한 심정을 묘사한 이 소설은 심사 위원조차 인공지능이 썼다는 사실을 인지하지 못할 정도로 정교한 표현력을 가진 것으로 알려졌다.[4]

인공지능 분야에 적극 투자하는 기업들

인공지능이 가진 무궁무진한 가능성 때문에 구글, 애플, 페이스북, 아마존 등 미국의 10대 기술 기업들은 이 분야에 적극적으로 투자를 하고 있다. 페이스북 CEO인 마크 주커버그(Mark Zuckerberg)는 2016년부터 '빌딩 8(Building 8)'이라는 프로젝트를 비밀리에 진행했다. 이 프로젝트의 목표 중 하나는 인간의 뇌파를 이용해 인간의 뇌에 분 당 100개의 단어를 자동으로 입력하는 시스템을 만드는 것이다. 뇌인지과학 전문가들은 10년 내에 이 기술이 상용되기는 어려울 것이라고 전망했는데, 결국 2년 만에 해산되었다. 하지만 빌딩 8

프로젝트는 IT기업들의 미래 산업으로 주목하고 있는 분야가 무엇인지 보여 준다. 그리고 지금의 과학 기술 발달 속도를 보았을 때 불가능한 꿈은 아닌 듯싶다.

공상과학영화 속에 나오는 상상의 세계를 현실에서 구현하려는 프로젝트도 진행 중이다. 전기 자동차 제조 회사로 유명한 테슬라의 괴짜 CEO인 엘론 머스크(Elon Musk)가 설립한 회사 중 하나인 뉴럴 링크(Neural Link)는 인간의 뇌와 인공지능을 결합시키는 뉴럴 레이스(Neural Lace)라는 기술을 사용하여 알츠하이머나 치매 같은 질병을 치료하는 것뿐만 아니라 인간의 뇌 기능을 획기적으로 향상시키는 연구를 하고 있다.

뉴럴 레이스는 인간의 뇌에 컴퓨터 칩을 심어 생각을 뇌에 직접 전달하거나 전달받는 기술이다. 〈매트릭스〉나 〈아이언맨〉과 같은 영화에서 주인공에게 특별한 임무에 필요한 정보를 전달하기 위해 여러 개의 컴퓨터 코드가 달린 헬멧을 씌워 데이터를 입력하는 장면을 떠올리면 된다.

이렇듯 구글을 위시한 글로벌 IT 기업들은 인공지능을 비롯한 하루가 다르게 발전하는 테크놀로지를 활용하여 "디지털(Digital), 물리적(Physical), 생물학적(Biological)인 분야의 경계를 뛰어넘는" 기술의 개발과 발전을 꾀하고 있다. 이러한 기술은 우리가 사는 사회는 물론이고 우리들의 삶의 방식을 근본적으로 변화시키는 역할을 하고 있다. 이것이 바로 우리나라에서도 화두가 되고 있는 '4차 산업혁명(The Fourth Industrial Revolution)'이기도 하다.

미래의 교육을 이야기할 때 언제나 언급되는 4차 산업혁명이라는 용어는 이미 우리의 일상 속에 깊숙이 들어와 있지만, 이에 대한 이해는 상대적으로 불충분한 것 같다. 결국 미래 교육과 4차 산업혁명이라는 시대적인 변화는 불가분의 관계이기에 용어에 대한 구체적인 이해가 필요하다. 도대체 4차 산업혁명이란 무엇을 말하는 걸까?

4차 산업혁명이란?

4차 산업혁명이라는 용어는 다보스 포럼(Davos Forum)이라고 알려진 세계경제포럼(World Economic Forum)의 창립자이자 회장인 클라우스 슈밥(Klaus Schwab)이 미국의 유명 국제 외교 전문 잡지인 〈포린 어페어스(Foreign Affairs)〉에 2015년 12월 기고한 글에서 처음 사용되었다.[5] 이 글에서 그는 4차 산업혁명을 디지털, 물리적, 생물학적 영역의 경계가 허물어지고 융복합이 일어나는 산업혁명으로 정의했다.

그 후 2016년 1월 말에 열린 세계경제포럼에서 세계적인 석학 및 전문가, 기업인들이 모여 '4차 산업혁명의 이해(Mastering the Fourth Industrial Revolution)'라는 주제로 논의를 한 것이 화제가 되었고, 곧 이 용어는 새로운 시대의 도래를 의미하며 일반 대중들에게도 알려졌다.

물론 새로운 시대의 도래와 변화에 대한 다양한 표현과 논의는 이미 존재했으나 이를 4차 산업혁명이라는 용어로 규정한 지는 얼마 되지 않았다. 대중들에게 회자된 것도 불과 3년이 채 되지 않는다. 사실 4차 산업혁명과 그에 따른 삶의 근본적인 변화에 관한 논쟁은 국내외를 막론하고 현재 진행형이며 앞으로도 계속될 것으로 보인다.

어떤 이는 4차 산업혁명에 대해 우리의 삶을 송두리째 바꿔 놓을 진짜 '혁명'과 같은 변화의 시대가 오고 있다고 전망하고, 어떤 이는 실질적인 내용이 없는 말잔치일 뿐이라고 폄하하기도 한다. 엄밀한 의미에서 4차 산업혁명이라는 용어는 적절하지도 않을 뿐 아니라 일시적인 유행일 뿐이라고 주장하는 이들도 있다. 미국의 학자들이나 기업가들은 앞으로 도래할 사회의 변화를 더욱 명확하게 특정할 수 있는 '디지털 혁명(Digital Revolution)'이라는 용어를 더 선호한다.

《노동의 종말》과 《소유의 종말》과 같은 미래의 경제 및 사회의 변화에 대해서 예측하는 책을 계속 저술하고 있는 펜실베이니아 대학의 제레미 리프킨(Jeremy Rifkin) 교수는 지금의 기술의 진보와 변화는 3차 산업혁명에 준하는 것이라고 주장한다. 또 인플레이션, 실업, 경제 성장에 관한 세계적인 권위자이며 《미국의 성장은 끝났는가》라는 책을 쓴 노스웨스턴 대학의 로버트 고든 교수(Robert J. Gordon)는 4차 산업혁명이라는 이름에 걸맞은 변화는 없고 우리가 이미 경험한 기술 및 산업이 지속되는 것뿐이라고 말한다.

이에 반해 제조업 중심의 기술 강국인 우리나라와 독일, 일본과 같은 나라에서는 최근의 혁신적인 기술의 진보가 제조업과 정보통신기술(ICT: Information, Communications, and Technology)의 융합을 촉진시키고 산업에서 근본적인 변화를 이끌고 있는 것을 목격하면서, 이와 같은 변화를 설명하는 용어로 4차 산업혁명을 더욱 적극적으로 사용하고 있다.

독일은 2011년부터 정부가 주도하여 '하이테크 전략 2020' 실행 계획의 일환으로 기존의 제조업과 같은 전통 산업에 ICT 기술을 결합하여 융복합화 된 생산방식을 수용한 산업 시설을 갖추고 '인더스트리 4.0(Industrie 4.0)'이라고 이름 붙였다. 이는 기존의 분업화되고 자동화된 생산 환경의 공장이 아닌 진일보된 ICT 기술을 이용한 스마트한 생산방식의 산업 기반 시설을 갖추는 것을 뜻한다.[6]

4차 산업혁명이라는 용어를 굳이 사용하지 않는다고 하더라도 산업 경쟁력 강화를 위해 산업 현장에 ICT 기술을 적용하는 기업들이 늘어나고 있고, 이는 지속적으로 확대될 것으로 전망된다.

이와 같이 인공지능으로 대표되는 첨단 기술의 발전은 기존의 삶의 방식을 근본적으로 변화시킬 것이다. 이런 의미에서 현재의 시대적 변화를 4차 산업혁명이라는 용어로 규정하든 아니든 간에 첨단 기술을 중심으로 하는 산업과 사회의 변화는 피할 수 없는 현실이 되었다. 그래서 우리는 이에 대한 대비가 필요하다.

분업화 시대에서 융복합 시대로

교육학자로서 필자가 주목한 것은 이런 변화가 미래 교육에 어떤 영향을 미칠 것인가이다. 사회의 발전과 교육은 어떤 관계가 있을까?

18세기 중반에서 19세기 중기에 일어난 1차 산업혁명은 방적기와 증기 엔진 등의 발전에 의해 가내수공업이 공장에서 생산되는 시스템으로 바뀌며 농업사회에서 산업사회로 전환한 것을 말한다. 이때 국민교육체제가 시작되었다.

19세기 후반부터 미국이 주도한 2차 산업혁명은 공장에서 컨베이어 벨트를 활용하여 분업화된 생산방식으로 이전보다 훨씬 더 높은 생산성으로 대량생산을 가능하게 했다. 2차 산업혁명의 분업화된 생산 방식을 보여 주는 대표적인 사례가 미국의 포드 자동차 공장에서 이루어진 '포드주의적 생산방식(Fordism)'이다.

이 방식의 특징은 '컨베이어 벨트'로 상징되는 철저한 분업화를 통한 효율성이었다. 생산 공장에서 일하는 노동자들은 자동차를 만드는 전체 공정에 대한 지식을 모두 습득할 필요 없이 분업화된 컨베이어 벨트에서 자신이 맡은 라인에서의 공정에만 집중하면 되었다. 그래서 개개인의 개성보다는 주어진 공정에서의 완벽성과 전문성만이 요구되었다.

이는 사람들의 사고 체계와 방식에도 영향을 끼쳐 학계뿐만 아니라 산업 및 경제를 포괄하는 사회 전반에서 전문성을 강조하는 분위기가 조성되었다. 수많은 학자들 및 교육가들은 현재의 교육제도는 19세기 후반에 '대량 생산'을 촉발한 2차 산업혁명의 결과물이라고 주장한다.[7]

1, 2차 산업혁명이 물리적 재화의 생산과 유통의 혁신을 견인했

다면, 3차 산업혁명은 무형의 정보 생산 처리 유통의 혁신을 견인하는 정보통신기술(ICT)의 혁명이었다. 3차 산업혁명의 연장선상에 있는 4차 산업혁명은 드론과 인공지능, 3D 프린터, 빅 데이터와 같은 새로운 기술에만 국한되지 않는다. 제조업과 ICT의 결합뿐만 아니라 기술의 진보가 가능케 할 생물학적, 디지털, 물리적 분야의 경계를 뛰어넘는 협업을 가능하게 하는 혁신을 의미한다.

19세기 후반의 대량생산 방식의 산업혁명이 사람들의 사고방식을 전문화, 분업화시켰다면, 이제 21세기 산업혁명은 분업화되고 전문화된 지식을 다시 모아서 융복합시키는 방향으로 진행되고 있다. "공학자들, 디자이너들, 건축가들은 컴퓨터적 디자인(computational design), 재료 공학(material engineering), 합성 생물학(synthetic biology) 등의 기술을 사용해 미생물, 우리의 신체, 우리가 사용하는 제품, 그리고 우리가 생활하는 건물들을 연결하고 공생시키기 위해 개척하고 합치는 작업을 하고 있다."[8]

말하자면 과거에는 전혀 관련이 없다고 생각되었던 분야를 합치고 융합하여 새로운 가치를 창조해 내는 것으로 패러다임이 변화했고, 교육 역시 이런 흐름을 따라가고 있다.

소유의 종말, 노동의 종말

현재 전 세계 인구의 30%가 넘는 사람들이 소셜 미디어와 공유 플랫폼을 통해 정보를 공유하고 소통하고 있다. 이러한 트렌드는 인터넷 플랫폼 기술의 발전과 함께 산업의 구조적인 변화를 견인한다. 미래학자들은 공유 경제 혹은 이용자의 요구에 따라 상품이나 서비스가 바로 제공되는 '온 디맨드 경제(on demand economy: 온라인을 통해 수요자의 요구에 맞춘 경제)'의 부상은 기존의 사회질서를 혁명적으로 변화시킬 것이라 예측한다. 승차 공유 서비스인 우버(Uber)나 숙박 공유 서비스인 에어 비앤비(Air B&B)야 말로 나날이 진화하고 있는 모바일 네트워크를 활용한 온 디맨드 경제의 대표적인 모델이라고 하겠다.

이와 같은 맥락에서 미국의 경제학자인 제레미 리프킨은 21세기 변화하는 세상에서는 노동과 소유가 사라지는 사회가 될 것이라는 도발적인 주장을 했다. 그는 첨단 기술에 의해 스마트 공장이 늘어나면 산업구조의 근본적인 변화가 있을 것이고, 이는 노동의 종말을 초래할 것이며 우리가 소유하는 모든 것들이 더 이상 쓸모가 없어지게 되어 소유의 종말 시대가 올 것이라 주장한다. 대신 리프킨은 새로운 시대를 '접속의 시대(The Age of Access)'로 정의하고 접속이 중요하게 되는 시대의 도래, 곧 공유 경제와 재생에너지를 바탕으로 하는 협력적 상생 사회가 올 것이라 예견했다.[9]

미래학자들은 도래하는 시대에는 기존의 노동에 대한 생각과 관습을 엎어 버리는 형태의 직종들이 생겨날 것이라 예측한다. 이러한 노동의 종말 시대에 사람들은 기계가 대체할 수 있는 먹고 살기 위한 소득 중심의 경제가 아닌 자신이 참으로 사랑하고 창의력을 발휘하며 관계를 연결시키고 확장시킬 수 있는 자아실현의 경제로 나아가게 될 것이라 주장한다.

이는 미래학자들만의 주장이 아니다. 유엔 미래포럼의 〈2050 미래 일자리 연구 프로젝트〉 보고서 역시 미래는 일자리 경제(job economy)에서 자아실현 경제(self-actualization economy)로 전환될 것이라 한다. 다시 말하면 우리는 일을 해야 먹고 산다는 전통적인 패러다임 속에서 살아가지만, 2050년경이 되면 이런 전통적인 패러다임이 변하여 일하지 않아도 되는 경제, 아니 일할 필요가 없는 경제, 즉 자아실현 경제가 도래한다고 예측하고 있다. 한마디로 사회는 기본소득(universal basic income)*을 제공하고 사람들은 하고 싶은 일을 하면서 모두가 풍요롭게 살게 된다는 것이다.

실제 세계 여러 나라는 이미 기본소득 실험을 하고 있고, 다양한 방법으로 자아실현 경제를 향해 나아가고 있다. 스위스에서는 2016년 성인 한 사람에게 매월 2,500 스위스 프랑(한화로 약 300만 원)을 지급하는 기본소득안을 제안했다(하지만 국민투표 결과 77%의 반대로 무산되었다). 네덜란드의 유트레흐트 시는 실업급여나 수당을 받고 있는 사람들을 모집하여 기본소득 실험을 진행하고 있다. 국가적인

---

* 기본소득은 급진적인 사회주의적인 정책으로 생각되지만, 실제로는 놀라울 만큼 긴 역사적인 논의를 가지고 있고 20세기 미국에서 실현될 뻔한 정책이기도 하다. 토마스 페인은 1797년에 출간한 《토지와 분배의 정의》에서 기본소득과 관련된 논의를 했고, 버트런드 러셀과 마틴 루터 킹도 이와 같은 논의에 동참했다. 1968년에는 1천 200명이 넘는 경제학자들이 기본소득을 지지하는 청원서에 서명하여 미국의회에 보낸 적도 있다. 에릭 브린욜프슨, 앤드류 맥아피 지음, 이한음 옮김, 《제2의 기계시대》, 청림출판, 292-294쪽

차원에서 기본소득을 실험하고 있는 핀란드는 25세에서 58세 가운데 장기 실업자들을 대상으로 2017년 1월부터 2018년 12월까지 실험하였고 여전히 실험은 진행 중이라고 밝혔다.[10]

우리가 사는 사회와 세계는 근본적으로 새로운 패러다임으로 빠르게 변화되고 있다. 이러한 변화 속에서 우리에게 필요한 가장 중요한 역량은 무엇일까. 결국 자신이 정말 좋아하는 것이 무엇인지 찾고, 또한 아이디어를 나누며 협력할 수 있는 능력이 아닐까.

10년 후 직업은 어떻게 달라질까?

4차 산업혁명 시대의 변화가 반드시 장밋빛 미래를 약속하는 것만은 아니다. 인공지능의 부상과 스마트한 기계의 등장은 산업 분야와 직종의 구분 없이 모든 노동의 본질을 변화시키고 근본적인 불확실성을 증가시킨다.[11] 앤드루 양(Andrew Yang)은 2000년 이후 미국에서 자동화와 노동 수요 감소의 영향으로 인해 사라진 제조업 일자리가 약 400만 개에 이르고 이들 중 새로운 직업을 구하지 못한 이들이 62.9%에 이른다고 주장했다.[12] 오바마(Barack Obama) 대통령 시절에 발간된 2016년 보고서에 따르면 시급 20달러 미만의 일자리 중 83%는 자동화되거나 기계로 대체될 것이라고 전망하기도 했다.[13] 이와 관련된 매킨지 글로벌 연구소(McKinsey Global Institute)가 발표한 보고서에 의하면 "2030년까지 세계 근로자 가운데 7천

500만 명에서 최대 3억 7천여 명이 현재 일하는 일자리에서 이직을 해야 할 것이다"라는 전망[14]이 등장했고, 세계경제포럼에서 발표한 〈일자리의 미래(The Future of Jobs)〉 보고서도 초등학교에 입학한 어린 이의 65%가 기존에 없던 새로운 직업에 종사하게 될 것이라고 내다보고 있다.[15]

우리나라의 다양한 기관에서 발표한 보고서도 이와 동일한 전망을 내놓고 있다. 2017년에 한국고용정보원이 발표한 〈기술변화에 따른 일자리 영향 연구〉 보고서에서 "인공지능과 로봇 기술이 주도하는 4차 산업혁명으로 2025년에는 국내 취업자의 70.6%의 일자리가 대체위험에 직면한다."는 연구 결과를 공개했다.[16]

미국 듀크 대학의 경제학자 니르 자이모비치(Nir Jaimovich)와 캐나다 브리티시컬럼비아 대학의 헨리 시우(Henry Siu)는 1980년대, 1990년대, 2000년대를 비교하면서 현금 출납원, 우편물 담당자, 은행 창구직원 같은 일상적 지식 노동과 전산기 조작원, 시멘트공, 양재사 같은 일상적 육체노동의 수요가 급격하게 줄어드는 것에 주목했다. 이를 통해 '일자리 양극화'와 '고용 없는 경기' 회복 사이에 상관관계를 밝히기도 했다.[17]

역사 속에서도 영국 산업혁명에 이은 기계와 과학기술의 발전의 결과로 수공업자들이 몰락하고 실업자가 되거나 직물 공장에 노동자가 되면서 불만과 분노가 기계 파괴라는 러다이트 운동(Luddite movement)이 나타났다. 4차 산업혁명에 따른 노동시장 구조 변화로 인공지능을 가진 기계가 인간의 일자리를 대체하는 것에 분노하고 공포감을 가지게 되면 제2의 러다이트 운동이 일어날 수도 있다. 다가오는 미래를 공포나 분노로 맞이할 것이 아니라 기존의 관습을 버리고 새롭게 '일하는 방법'을 배우고 변화하는 새로운 세상에 적극적으로 대비해야 할 것이다.

인공지능이 대체하고 있는 직업

이미 직업의 세계는 빠르게 변하고 있다. 세계경제보고서는 2020년까지 사라질 7백만 여의 직업 중 3분의 2가 행정직군(Office and Administrative Jobs)에 속해 있다고 발표했다. 전 세계적으로 인공지능이 적극적으로 도입되어 빠르게 적용되고 있는 직종 중 하나는 '기자직'이다. 인공지능은 빅 데이터 기술과 스마트 알고리즘 기술을 바탕으로 특정 분야와 관련된 정보를 수집하고 정리하는 방식으로 이미 기사를 작성하여 쏟아 내고 있다.

AP 통신의 '워드스미스(Wordsmith)'는 1초에 9.5개의 기사를 작성하는 능력을 가지고 있고, 아직은 초기 단계이기는 하나 조금씩 영역을 확장하고 있다. 우리나라 〈연합뉴스〉도 인공지능을 도입하여 영국 프리미어 리그 축구 전문 기자 '사커봇'을 탄생시켰다. 사커봇은 영국 프리미어리그 축구 전 경기의 데이터를 수집, 분석해서 경기 결과를 기사로 작성하고 있고, 제6회 한국 온라인 저널리즘 어워드 시상식에서 뉴스 서비스 기획 부문 수상자로 선정되기도 했다. 또한 미국의 〈워싱턴포스트〉가 개발한 인공지능 기자인 '헬리오그래프(Heliograf)'도 브라질 리우올림픽 소식을 실시간으로 전하며 활약을 했고, 중국의 AI 기자도 주자이거우(九寨溝) 지진 발생 시에 자동으로 기사를 작성하여 25초만에 완성했고, 이를 바탕으로 아주 상세한 내용의 기사를 공식적으로 발표할 수 있었다. 우리가 인식하기도 전에 인공지능에 의해 작성된 기사를 이미 접하고 있었던 것이다.

연구직도 예외는 아니다. 앞서 언급했듯이 인공지능은 "영상 임상병리학, 유전자 데이터와 결론 도출, 기가바이트의 표현형 데이터 분류 작업 등을 전기 요금 정도의 비용으로 해낼 수 있기 때문에, 가까운 미래에는 로봇이 세계에서 가장 뛰어난 외과의"가 될 잠재적인 가능성을 충분히 가지고 있고 관련 분야에 종사하는 사람들의 역할을 빠르게 대체할 것으로 보인다.[18]

기술의 진보는 노동시장의 구조를 근본적으로 바꾸어 놓고 있으며, 그중에서도 기존의 화이트칼라(white-collar) 사무직 군은 빠르게 사라지고 그 자리를 컴퓨터, 수학, 건축, 공학 관련 직종들이 차지하고 있다.[19] 데이터 분석 및 소프트웨어, 앱 개발과 같은 분야들은 가장 전망이 밝은 직군으로 꼽히는데, 정보통신기술 분야에만 한정되는 것이 아니라 금융 서비스 및 투자, 미디어, 엔터테인먼트 등 전 분야에 걸쳐 컴퓨터 능력 및 빅 데이터 분석 관련 일자리들이 크게 늘어날 전망이다.[20]

또한 디지털 기술은 미디어와 엔터테인먼트 분야를 변화시켜 관런 일자리의 총합은 크게 변화가 없을지라도 수학이나 컴퓨터 관련 전문가들이 이 직군에 많이 등용될 것이다. 의외라고 생각할 수도 있겠으나 〈아바타〉, 〈쥐라기 공원〉, 〈캐리비안의 해적〉 등 할리우드 영화에서 광범위하게 쓰고 있는 컴퓨터 그래픽 기술은 수학적 원리를 이용하기 때문에 관련 전문가들이 확대될 것이다. 예컨대 유체역학의 방정식을 할리우드 영화의 특수 효과에 최초로 접목시킨 수학자인 스탠퍼드 대학의 론 페드키우(Ron Fedkiw) 교수는 아카데미 영화제에서 과학기술상을 두 번이나 받았다. 이렇듯 영화계에서도 디지털 기술의 진보에 따른 수학 및 컴퓨터 관련 직종과의 협업은 현재 진행형이다.

세상을 바꿀 기술

오른쪽 표는 세계경제포럼의 〈일자리의 미래(The Future of Jobs)〉 보고서를 바탕으로, 2015년부터 2025년까지 모바일 인터넷, 빅 데이터, 새로운 에너지, 사물 인터넷, 공유 경제, 로봇&자동 운송, 인공지능, 3D 프린팅, 바이오 기술 등의 분야에 미칠 사회적 영향력을 정리해 놓은 것이다.

미래 세대인 우리 아이들이 살아갈 세계를 바꿀 기술은 모바일 인터넷 및 클라우드 기술이며, 다음으로 빅 데이터를 비롯한 정보 처리(data processing) 능력이다. 매킨지 컨설팅(McKinsey & Company)이

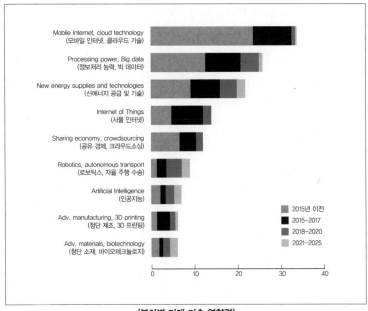

<분야별 미래 기술 영향력>

Source: Future of Jobs Survey, World Economic Forum

2011년에 빅 데이터와 관련해 출판한 보고서에 따르면 미국에서만 14~19만 명의 데이터 분석 전문가가 부족한 상황이며, 빅 데이터 분석을 기반으로 의사 결정을 하는 기술을 갖춘 관리자(manager)도 150만 명 정도 부족하다고 전한다.[21]

그 다음으로 대체 에너지 기술이 3위에 자리하고 있다. 현재 일자리 증가 폭이 가장 높은 분야가 태양광발전과 관련되어 있다고 해도 과언이 아닐 정도로 그 중요성이 커졌다. 지난 4년 동안 미국에서 태양광발전 산업과 관련한 일자리는 연간 20%씩 증가했으며,

미국 에너지부(Department of Energy)의 신규 일자리 보고서 통계에 따르면 미국에서 생긴 50건의 신규 일자리 중 1건이 태양광발전 산업에서 생겨날 것으로 예측되고 있고, 다른 대체에너지와 관련된 일자리를 포함하면 그보다 훨씬 많아질 것으로 예상된다.[22]

4위에 해당하는 것은 사물 인터넷(IoT: Internet of Things) 기술이며 그 다음은 공유 경제 및 크라우드소싱(crowdsourcing)이다. 사물 인터넷은 인터넷을 기반으로 일상생활 속에 사람과 사물, 사물과 사물을 연결하여 데이터를 수집 공유하는 기술이다. 공유 경제와 크라우드소싱과 관련해서는 이미 소셜 네트워크 서비스를 이용해 물건을 사고팔고 빌려 쓰는 현상이 광범위하게 일어나고 있다. 우버를 비롯한 다양한 서비스를 통해 차를 빌려 쓰고, 중고나라와 같은 인터넷 사이트를 통해 필요 없는 물건을 사고팔고 기부하는 공유 경제에서는 기존의 비즈니스 모델과 일자리는 급격하게 사라지고 제품이나 서비스를 공유하고 렌트하는 방식의 사업 모델과 일자리들이 그 자리를 대신할 것으로 예상된다.

5위는 로봇 공학과 자동 운송(autonomous transport)인데, 이미 초고속 교통 운송 산업 부문에서 새로운 일자리가 많이 생겼다. 그 대표적인 예는 테슬라의 CEO 엘론 머스크가 제안한 초고속 이동 체계인 하이퍼루프(hyper-loop)로, 속도를 높이고 에너지 손실을 막기 위해 공기저항을 최소화하는 진공 혹은 아(亞)진공(거의 진공에 가까운) 튜브 내에서 초고속으로 이동하는 차세대 기술 같은 것이다.

엘론 머스크는 발표 당시(2012년) 이 방법을 이용하면 현재로서는 상상할 수도 없는 속도인 최고 시속 1220㎞로 운송이 가능하다고 밝혔다. 그는 누구든 상관없이 개발하라고 관련 기술과 아이디어를 공개했다. 그래서 우리나라의 포스코를 비롯해 다양한 국가와 기업이 하이퍼루프 개발에 뛰어들었고 2020년에는 상업적 실현 가능성이 높아졌다는 전망까지 나오고 있다.[23]

6위는 이미 수차례 언급한 인공지능(AI) 기술이며, 7위는 3D 프린팅과 같은 첨단 생산 기술이다. 베스트셀러 《롱테일 법칙》, 《메이커스》의 저자이자 3D 로보틱스(3D Robotics)의 CEO인 크리스 앤더슨(Chris Anderson)은 앞으로 3D 프린팅 기술은 인터넷이 세상을 바꿨던 것보다 더 큰 영향을 끼칠 것이라면서, 3D 프린터가 생산해 낼 수 있는 제품에 한계를 두지 말라고 말한다.[24]

3D 프린팅 기술을 처음 선보인 베록 코시네비스(Behrokh Khoshnevis) 교수는 3D 프린터가 하루 만에 집을 짓게 되면 전 세계의 주거지 문제가 사라질 것이라며 도시 및 주거 문제 해결을 위한 여러 프로젝트를 진행하고 있다. 그중에는 NASA와 함께 달에 인간이 살 만한 주거지를 만드는 콘투어 크래프팅(Contour Crafting) 프로젝트도 포함되어 있다.[25]

마지막 8위에 자리하고 있는 기술은 바이오 기술을 활용한 첨단 재료 기술인데, 피부나 조직을 줄기세포나 세포배양을 통해 프린트하고, 콜라겐 등 특수 잉크를 사용해 인체 신체 조직을 만드는 바이오 잉크가 대표적인 기술이라 하겠다.[26] 인공지능과 바이오 기술과의 협업을 통한 혁신적인 제품과 서비스가 쏟아져 나오면서 앞으로의 의학 분야의 판도를 완전히 변화시킬 것이다.

위와 같은 기술의 진보 및 노동시장의 재편에 따른 노동의 형태도 현재와는 많이 달라져 재택 컴퓨터 근무(telecommuting), 공유 사무실을 뜻하는 코워킹 스페이스(co-working spaces), 물리적으로는 다양한 공간에서 살고 있지만 온라인상에서 공통된 목적을 위해 뭉친 가상 팀(virtual team), 프리랜서(freelancer) 등 다양한 근무 형태가 나타날 것이다. 이런 유연한 고용 및 노동 구조의 변화는 기존의 사업 모델까지 완전히 바꿀 것으로 예상된다.[27] 그리하여 개인의 삶과 일의 경계도 희미해져 갈 것이다.

4차 산업혁명 시대가 원하는 인재

4차 산업혁명으로 인해 변화하는 세계의 노동시장은 새로운 인재상을 요구한다. 현재 이루어지고 있는 기술의 진보와 속도로 볼 때, 4년제 기술학교에서 배우는 과목 지식의 절반 이상이 학생들이 학교를 졸업할 때쯤이면 시대에 뒤떨어진 것이 된다.[28] 즉 전통적인 정규 자격증 및 필기, 계산, 소프트웨어 프로그램 사용 능력 등에 기초한 인력 배출 방법은 급변하는 기술 변화를 반영하지 못한 구시대의 것이다. 이런 의미에서 현재의 직업교육에 근본적인 변화 및 전반적인 재구성이 필요하다.

기성세대가 가지고 있던 '평생직장(Life-long Employment)'의 개념은 이미 사라져 구시대의 유물이 되었고, 교과서적인 지식을 습득하고 단순한 기능을 숙련해서 직업전선으로 나갔던 시대도 끝났다. 지금 학교를 입학하는 어린이의 65% 정도는 현재 존재하지 않는 일을 하게 될 것이라는 연구 발표도 나왔다.[29] 이에 대해 미국 버지니아 대에서 교육공학을 가르치는 류태호 교수는 다음과 같이 말했다:

> "문제는 제4차 산업혁명이 지난 1차, 2차, 3차 산업혁명과 근본적으로 다르다는 것이다. 지난 산업혁명이 하드웨어에 기반을 둔 기술혁신이었다면 제4차 산업혁명은 소프트웨어에 기반을 두기 때문이다. 소프트웨어를 기반으로 하는 제4차 산업혁명 시대에는 사물 인터넷이나 빅 데이터(Big Data), 융복합과 인공지능(AI), 생명공학과 바이오 등 제4차 산업혁명을 대표하는 분야의 기술을 [후발 주자가] 따라가기에 급급해서는 밑 빠진 독에 물 붓는 격이다. 제4차 산업혁명 시대에 걸맞은 21세기형 인재를 양성하여 소프트웨어 변화를 주도해 나가지 못한다면 선두 그룹과 후발 주자의 격차는 시간이 지날수록 더 벌어지기만 할 것이기 때문이다."[30]

이제는 교과서적인 지식 획득이 아닌 제품과 서비스의 변화 속도에 맞게 유연하게 적응할 수 있는 '핵심 능력(core competencies)'을 '스스로' 찾아서 배양할 수 있는 인재가 주목받을 것이다. 이렇게 빠르게 진화하는 기술 중심적인 시대에 학생들이 적응하기 위해서는 현재의 교육 시스템이 미래 세계에 필요한 역량들을 폭넓게 익힐 수 있도록 하는 체제로 바뀌어야 한다. 이러한 추세에 발맞추어 2015년에 열린 세계경제포럼에서는 4차 산업혁명을 준비하는 미래 인재가 갖추어야 할 핵심 역량을 발표했다.

미래 인재가 갖춰야 할 핵심 역량

세계경제포럼에서 미래 인재가 갖춰야 할 핵심 역량을 10가지로 요

미래 핵심 역량 (Top 10)

2020년	2015년
1. 복합 문제 해결 능력	1. 복합 문제 해결 능력
2. 비판적 사고	2. 협업 능력
3. 창의력	3. 인적 자원 관리 능력
4. 인적 자원 관리 능력	4. 비판적 사고
5. 협업 능력	5. 협상 능력
6. 감성 지능	6. 질 관리 능력
7. 의사 결정 능력	7. 서비스 지향성
8. 서비스 지향성	8. 의사 결정 능력
9. 협상 능력	9. 적극적 경청 능력
10. 인지적 유연성	10. 창의력

〈미래의 핵심 역량〉

Source: Future of Jobs Report, World Economic Forum

Re·스타트, 다시 시작하는 교육

약했다. 왼쪽의 〈미래의 핵심 역량〉 표를 보자. 이 그림은 2015년과 비교해 2020년에 달라진 핵심 역량을 확인할 수 있다. 2015년과 2020년 모두 동일하게 복합 문제 해결 능력(Complex Problem Solving)이 1위에 선정되었다. 기술의 융복합을 통해 새로운 변화를 추구해 가는 제4차 산업혁명 시대에는 기존 주어지는 문제를 다루는 것과는 다르게 "새롭고 불분명한 문제"를 해결해야 한다. 따라서 "이미 정해진 답이 있는 문제를 암기하여 짧은 시간에 많이 맞추는 능력이 아니라 정답이 없는 문제를 다양한 시각과 시도로 풀면서 가장 적합한 해답을 찾아 나가는 능력"이 필요하다.[31]

복합 문제 해결 능력은 비판적 사고(Critical Thinking) 능력과도 밀접한 연관을 갖는다. 비판적 사고 능력은 문제를 체계적으로 논리적으로 분석하여 다양한 해결 방법이나 접근 중 가장 최적의 것을 찾는 것이다. 따라서 비판적 사고는 복합적 문제 해결 능력의 기초가 된다.

창의력(Creativity)은 주어진 상황이나 문제 해결 과정에서 기존의 관습이나 생각을 탈피해 새롭고 기발한 아이디어를 사용하여 새로운 방법을 만들어 내는 것을 뜻한다. 특히 미래 사회 핵심 역량 중 1, 2, 3위로 꼽힌 복합적 해결 문제 능력, 비판적 사고, 창의력이 모두 새로운 상황이나 문제에 대한 대응 능력에 맞추어져 있다는 사실에 주목해야 한다. 4차 산업혁명 시대는 기술과 물리적 환경이 융복합되어 누구도 예측할 수 없는 제품과 서비스 그 결과로 새로운 사회구조를 만들어 낼 것이기 때문이다.

이는 기존의 반복되는 훈련이나 학습으로 만들어진 인재상을 탈피해야 한다는 것을 의미한다. 새로운 시대의 인재는 빠르게 변화하는 환경과 구조에 능동적으로 적응할 수 있고, 구조화되지 않은 문제를 해결할 수 있으며, 이례적인 작업을 자유자재로 수행할 수 있어야 한다.[32]

4위 인적자원 관리 능력(People Management)과 5위 협업 능력(Coordinating with Others), 6위 감성 지능(Emotional Intelligence), 8위의 서비스 지향성(Service Orientation), 이상의 네 가지 능력은 모두 개인이 가진 사회 정서적 소통 기술과 관련되며, 최근에 부각되고 있는 '사회 정서 학습(Social Emotional Learning)'과도 연결된다.

이와 같은 맥락으로 하버드 대학의 데이비드 데밍(David J. Deming) 교수는 지난 1980년부터 미국에서 새롭게 생긴 일자리의 많은 수가 사회관계적인 기술(social skills)을 요구하는 것들이라 말했다.[33] 세계 경제포럼의 보고서에서도 지난 20년 동안 성장한 분야의 일자리들은 높은 인식적인(cognitive) 그리고 관계적인(interpersonal) 역량들을 요구한다고 보고했다.[34]

그동안 사회 정서적인 측면의 훈련과 교육이 학생을 훈육하는 데만 효과적이라 알려졌는데, 최근의 연구에 따르면 사회 정서적인 측면의 교육이 학생들의 학업 성적을 향상시키는 데도 효과적인 것으로 나타났다.[35]

---

*   같은 주제에 대해 시간 경과에 따른 변화를 연구하기 위해 반복 관찰하는 연구

사회 정서적 학습에 대한 또 다른 종단 연구*에서도 비슷한 결과
가 나왔다. 노벨 경제학상 수상자인 미국 시카고 대학의 제임스 헤
크먼(James J. Heckman) 교수가 미국 디트로이트 시 외곽에 위치한 유
치원에 다니는 어려운 환경의 흑인 학생 120명을 상대로 1962년부
터 진행한 페리 프리스쿨 연구(Perry Preschool Study)에 따르면, 사회
정서적 학습 요소를 가미한 교육과정을 들은 유치원생은 전통적인
교육과정을 들은 다른 유치원생에 비해서 성인이 되었을 때 더 많
은 소득을 올리며, 더 고용이 잘 되고, 범죄율도 낮고, 고등학교 졸
업률도 높은 것으로 드러났다.[36]

　OECD가 9개 국가를 상대로 한 최근의 연구에서도 균형 잡힌 인
지적, 사회 정서적 기술을 갖는 것이 어린이들이 21세기를 살아가
는 데 아주 중요하다는 것이 밝혀졌다.[37]

　이처럼 사회 정서적 능력이 4차 산업혁명 시대에 중요해진 이유
는 이 시대가 요구하는 문제들은 너무나 새롭고 복잡해서 개인 혼
자의 능력만으로는 해결할 수 없기 때문이다. 다양한 분야의 전
문 지식을 가진 인재들이 모여 각자의 능력에 맞게 업무를 정하
고 협력과 경쟁 과정을 거쳐 문제를 해결하는 집단 지성(collective
intelligence)이야 말로 인공지능이 대체할 수 없는 순수하고 창의적인
해결책을 찾게 한다. 그리고 이러한 협업의 과정에서 대두되는 중
요한 능력이 바로 사회적(social), 관계적(interpersonal), 감성(emotional)
능력이다.

　마지막 10번째로 주목된 것은 인지적 유연성(Cognitive Flexibility)으

로 이번 조사에서 처음 등장한 역량이다. 미 노동부 직업정보네트워크 콘텐츠 모델에 따르면 인지적 유연성은 "여러 가지 일을 다양한 방법으로 재배열하고 재구성하기 위해 다양한 종류의 규칙이나 원리를 적용할 수 있는 능력"을 말한다.[38] 영어로 표현하면 '고정관념을 벗어난 사고(think outside the box)'라 할 수 있다. 기존의 규칙이나 관습에 얽매이지 않는 것, 사물을 다양한 각도와 관점에서 파악하고 해석할 수 있는 것, 그에 따라 문제 해결을 위한 창의적인 시도를 해 보는 것을 포함한다. 위에서 언급한 창의력, 비판적 사고, 복합적 문제 해결 능력을 배양하기 위해선 인지적 유연성을 기르는 것이 필수라 할 수 있겠다.

위에 나열한 10가지 핵심 역량은 미래 사회에 모두 중요하지만 필자가 보기에 특히 우리나라 학생들이 배양해야 하는 능력은 인지적 유연성인 것 같다. 현재 우리나라 교육은 많은 변화를 꾀하려고 노력하고 있지만 워낙 오랜 시간 주입식 지식 전달 교육 위주로 이루어졌기 때문에 미래 사회가 요구하는 인지적 유연성을 학교 현장에서 기르기는 쉽지 않다.

먼저 학생들은 내가 부딪치는 문제를 해결할 수 있는 방법이 한 가지가 아닌 여러 가지 솔루션이 있다는 사실을 깨닫고 다양하고 유연한 사고의 기술을 배워 나가야 한다. 그리고 교사와 학부모는 학생들에게 '한 가지 길'이 아닌 '다양한 길'이 있다는 것과 그 다양한 길은 다양한 사람과의 의미 있는 만남과 네트워크를 통해 모색하고 찾아낼 수 있다는 사실을 가르쳐야 한다.

융복합 시대의 교육의 역할

4차 산업혁명으로 인해 지식과 학습에 대한 개념도 달라졌다. 지식은 더 이상 고정적인 것이 아니라 "사회 구성원들 간의 상호작용 속에서 발달하는 사회적 산물일 뿐 아니라 상황이나 맥락에 따라 다른 양상을 띠고 재창조되는 유연한 개념"일 수밖에 없다.[39] 즉 융복합 시대의 지식은 하나의 주어진 객관화된 사실이 아니라 사람과 사람이 만나서 소통하며 아이디어를 나누는 가운에 변화하고 발전해 나가는 유기적인 구성체(construct)로서의 의미를 가지게 된다.[40] 이에 따라 교육의 방식도 달라져야만 한다.

교육을 뜻하는 영어 단어 education은 '훈련하다', '틀에 맞추다'라는 뜻의 라틴어 educare와 '밖으로 드러내다', '앞으로 이끌다'라는 뜻의 educere에서 파생했다고 알려져 있다. 4차 산업혁명 시대의 교육은 educare가 아니라 educere의 의미를 지니게 될 것이다.[41] 기존의 예측 가능한 시대에서는 교사가 학생에게 한정적인 지식을 전달하는 일방향적이고 고정적인 과정이 중요했다면, 융복합 시대는 유기적이고 관계적인 형식으로 변모하게 된다. 또한 전통적 교육이 이전 세대가 가진 이상적인 지식을 보전하고 전하는 것을 목적으로 삼는다면,[42] 융복합 시대의 교육은 학생이 학교라는 사회에서 동급생과 교사와 함께 유기적 공동체를 이루며 지식을 진보하게 하는 것을 목적으로 삼는다.[43]

다음의 표에서 보는 바와 같이 학습의 형태도 획기적으로 변화한

비고	산업화 시대	뉴 글로벌 르네상스 시대
핵심 능력	암기력(독해 능력, 수리 능력)	창조력(창의력, 상상력, 통찰력)
인재상	성실히 일하는 개미형 인재	개성을 추구하는 창조적인 베짱이형 인재
미덕	순종	독창성과 공감
생산 방식	소품종 대량 생산 공장 생산방식 (획일화와 효율성 추구)	다품종 소량 생산 예술적 창조 방식 (탁월성과 효과성 추구)
교육의 강조점	획일성	차별성
교육의 방향	시험을 위한 기계적 교육	도전과 모험을 위한 창조적 교육
교육의 역할	획일성을 강조하는 공장	독특함을 강조하는 아트 스튜디오
교육의 중점	밖에서 안으로 주입하는 표층적 지식 교육	안에서 밖으로 이끌어 내는 심층 지혜 교육
활용 자원	스펙과 학력	스토리와 아이디어

〈변화하는 교육의 모습〉

참조: 톰 피터스 지음, 정성묵 옮김, 《톰 피터스의 미래를 경영하라》(2005), 21세기북스, 291쪽; 조우석, 김민기, 《엄마투자가》(2014), 민음인, 216쪽

다. 이러한 변화를 가리켜 "뉴 글로벌 르네상스 시대"라 부르기도 한다. 기존의 제도에서는 정부 혹은 어느 기관의 승인을 받은 교사가 정해진 커리큘럼을 가지고 정해진 장소에서 일정하게 완성된 형태의 '지식'을 전달하는 것이 주된 학습의 형태였다. 하지만 뉴 글로벌 르네상스 시대의 학습은 "언제 어디서든 누구나 교육을 제공할 수 있는 교육의 생산자와 전달자가 될 수 있다는 것"을 전제로 한다. 인터넷을 통해 전 세계의 정보와 지식의 접근성이 향상되면서 언제 어디서든 학습자가 자기가 원하는 정보를 찾아보고 학습의 주

Re-스타트, 다시 시작하는 교육

체가 되는 형식으로 바뀌었다.

특히 주목할 점은 교육의 영역에서 '예술(Art)'의 중요성이 커졌다는 것이다. 종전의 교육이 대량 생산된 딱딱하고 규격화된 상품이었다면 미래의 교육은 수공예 아트 제품과 같이 포근하고 개성이 넘치는 장이다. 이를 위해선 '나'에 대해 생각(self-understanding)할 수 있는 여유와 내가 가진 독특성을 살려 창조할 수 있는 용기가 필요하다. 그리고 나의 개성을 이해해 줄 수 있고, 공감 및 격려해 줄 수 있는 공동체 및 이웃을 찾아서 연대하고 협동하는 능력이 중요해진다.

이런 의미에서 이제 교사와 학생의 경계는 무너질 것이며 배움의 장소에 대한 경계도 희미해져 버릴 것이다. 많은 사람들이 장소라는 공간에 구애받지 않고, 카페나 공유 사무실을 이동하면서 공부나 업무를 보는 것은 우리 사회에도 이미 흔한 풍경이 되어 버렸다. 이제는 인터넷뿐만 아니라 사물 인터넷의 발전으로 고정된 장소를 벗어나 지하철, 길거리 심지어 여행지에서까지 움직이며 배우는 새로운 개념의 학습의 시대가 도래할 것이다.

4차 산업혁명을 준비하는 세계의 교육 시스템"

우리나라 교육의 가장 큰 단점은 주입식 교육이라고 말한다. 주입식 교육으로 자신의 의견을 자유롭게 표현하지 못하고, 만들어진 지식을 단순히 습득하는 수준에서 교육이 그친다는 것이다. 창조성이 어느 때보다 중요한 4차 산업 시대에서 주입식 교육이 우리나라 교육에서 가장 지양해야 돼야 할 과제로 여겨지는 것은 당연하다. 그렇다면 4차 산업혁명에 기반이 되는 기술혁신의 출발점인 영미권 국가들은 어떤 교육제도 및 교육 문화를 가지고 있을까?

먼저 영국의 경우는 초등학교 저학년부터 지속적으로 철저한 논술 교육을 강조한다. 학생들은 자유롭게 자신의 생각과 감정을 말과 글이라는 도구로 명확하게 표현하는 법을 배워 타인과 자연스럽게 교류하고 토론하면서 자신의 생각을 정리하고 더 정교하게 만들어 간다. 또한 연극이나 스포츠, 미술 같은 예체능 활동이 정규 교과과정에 포함되어 있어, 어렸을 때부터 자신의 생각이나 감정이 구체적인 형태나 행동으로 표현하는 사회 정서적 학습을 하게 된다.

암기한 내용을 객관식 평가를 통해 확인하는 주입식 교육을 지양하고, 토론과 질문을 통해 학생들로 하여금 끊임없이 생각하고 표현하면서 자신의 생각과 감정을 명확하고 정교하게 만들도록 지원하는 교육 풍토는 4차 산업 시대에 지식산업을 주도하는 영국 사회의 혁신의 바탕이 되었다고 해도 과언이 아니다.

미국의 경우에도 교육 혁신이 4차 산업혁명의 바탕이 되었다고 할 수 있다. 실리콘 밸리의 탄생을 가능케 했던 스탠퍼드 대학을 비롯하여 수많은 미국의 명문 대학들은 명실상부 세계 최고의 교육을 제공한다. 게다가 미국은 전통적인 하드 파워(hard power)인 정치와 군사적인 영역에서 세계 최강대국일 뿐만 아니라 소프트 파워(soft power)인 문화적인 매력까지 합쳐져 세계의 인재들을 자국으로 끌어당기고 있다. 이를 바탕으로 세계의 인재들은 혁신적인 일을 하기 위해 미국에 정착하고 새로운 사업을 시작한다. 그 결과로 미국 하이테크 벤처기업의 요람인 실리콘 밸리는 전 세계의 혁신적인 인재들이 선망하는 일자리가 넘쳐 나는 곳이 되었다.

미국의 우수한 최첨단 산업은 기업의 끊임없는 혁신과 창조성이 발현된 결과이다. 과연 이런 창조적 혁신을 만들어 내는 기업가들은 어떤 교육을 받았을까. 아이비리그로 대표되는 미국 엘리트 인재 양성 교육을 받은 대학생들의 사고방식은 세 가지 단어로 요약할 수 있다. 도전(challenge), 오픈 마인드(open mind), 자존감(self-respect). 이는 미국 엘리트 대학의 학생들뿐만 아니라 이들이 지도자가 되어서 이끌어 가게 되는 미국 사회의 정신이기도 하다. 세계 경제를 주도하고, 미래 사회와 새로운 시장을 개척하고 있는 미국 비즈니스계의 리더들, 특히 실리콘 밸리로 대표되는 젊은 미국의 기업가들이야말로 이 정신과 교육의 자양분 속에서 만들어진 인재들이다.

미국 교육은 학생의 자유의지(free will)를 존중하여 늘 아이들에게 네가 하고 싶고 배우고 싶은 것이 무엇인지 질문한다. 끊임없이 새로운 것에 도전해 볼 수 있게 하는 이런 교육은 학업적인 면뿐만 아니라 스포츠를 비롯한 자신의 흥미와 적성에 맞는 다양한 프로젝트에 참여할 수 있는 여유와 의지를 허락해 준다.

미국 교육을 정의하는 또 하나의 키워드는 바로 '혁신'이다. 미국의 실리콘 밸리야 말로 '창조적 파괴'가 가장 집중되어 일어나는 곳이며, 창조적 파괴의 문화로 인해 이곳에서는 세계가 어떻게 될 수 있을지에 대한 다른(different) 비전이 나올 수 있고, 이에 따라 여러 창의적인 사업과 상품 그리고 프로젝트가 나오는 배경이 되었다.

4차 산업혁명 시대에 많은 사람들은 하나 이상의 직업을 갖게 될 것이고, 여러 군데의 직장에서 일하게 될 것이다. 이런 세상에서 가장 중요한 것은 새로운 지식과 기술을 다시 익힐 수 있는 '리런 (relearn)'의 능력과 새로운 환경에 적응하는 '자기 혁신'이 될 수밖에 없다. 이를 위해선 자신과 늘 발전적인 대화를 나눌 수 있는 것이 중요하고 자존감과 자기 확신 속에서 혁신이 가능하다고 할 수 있다. 진정한 변화는 항상 내면에서 시작되며 긍정적이고 희망적인 동기 부여를 통해 이루어지기 때문이다.

미국에서는 4차 산업혁명에 대비해 이미 혁신 교육 및 미래 교육에 대한 다양한 논의가 진행되었다. 21세기형 인재를 양성하기 위해 전미 교육협회(National Education Association)는 교육개혁을 주도하여 창의력, 비판적 사고, 협업, 의사소통 등 핵심 역량 중심의 교육과정 및 평가로 거시적인 제도의 틀을 바꾸어 나가는 사업을 2002년부터 진행하고 있다. 주목할 만한 사실은 전미교육협의회 핵심 역량이 앞서 언급한 세계경제포럼 보고서에서 지적한 4차 산업혁명을 위해 필요한 10대 핵심 역량과 일치한다는 것이다.

그뿐만 아니라 4차 산업혁명을 주도하는 실리콘 밸리의 자본가와 투자가들 또한 교육 분야에 공을 들이고 있다. 실리콘 밸리의 투자가들이 교육 분야에 관심을 가지는 이유는 나날이 진보하는 디지털 기술이 비즈니스와 미디어, 커뮤니케이션을 혁신적으로 바꿔 놓았듯이 교육도 변혁시킬 수 있다는 확신 때문이다. 이들의 혁신적인 생각과 믿음의 근간에는 그들이 받아 온 미국 교육의 가치와 철학이 뿌리 깊게 자리하고 있다.

이렇듯 기업가, 투자가, 정치가, 교육가를 막론한 미국의 지도자들은 확고한 자신들의 세계관 위에 자신들의 사회를 만들어 가고 있고, 이 정신을 배우고, 발현하여 더 나은 세상에 대한 비전을 제시할 다음 세대를 위해 교육도 만들어 가고 있다. 그 중심에는 인간의 자유의지에 대한 긍정적인 믿음이 자리 잡고 있다. 무엇보다도 이 믿음을 실행할 수 있는 원동력은 합리적인 자본주의 원리에 따른 부의 추구와 기부라는 미국 자본주의 선순환 시스템이라 하겠다.

과목 중심에서 역량 중심으로 혁신한
핀란드의 교육

미국과 함께 세계경제포럼에서 국가 경쟁력 선두권을 다투는 나라로, 국가 청렴 지수 1위, 환경 지속 가능성 1위, 인터넷 네트워크 지수 1위, 연구 및 투자(R&D) 지수 1위 등 각종 분야에서 명실상부 세계 최고의 경쟁력을 가지고 있는 나라인 핀란드도 4차 산업혁명에 발맞춘 교육개혁을 추진하고 있다.

핀란드 국가 경쟁력의 비밀은 바로 교육제도에 있다. 국제학업성취도평가인 PISA(Programme for International Student Assessment)에서 핀란드는 2000년대 이후 지속적으로 언어 영역 및 수학 영역에서 고르게 최상위권의 성취도를 보여 주었으며, 무엇보다 높은 학업 성취율에도 불구하고 학교 간, 계층 간 편차가 매우 낮은 평등한 교육시스템을 가진 것으로 알려져 있다.

1학년부터 9학년까지의 연간 총 수업 시간이 OECD 평균보다 100시간이 적고, 학생들의 숙제도 가장 적으며, 교사의 임금(35,000 유로/연), 학급 인원(19.9명)도, GDP(국내총생산)에서 교육이 차지하는 비중(5.8%)도 OECD 평균치 정도밖에 안 된다. 그럼에도 불구하고 핀란드 학생들이 보여 준 학업 성취도는 핀란드 교육제도가 얼마나 효율적인지를 반증한다고 하겠다.

이렇게 효율적인 시스템을 갖추고 있음에도 여기에 안주하지 않고 핀란드는 국가적으로 4차 산업혁명이 요구하는 융복합 사고를 아이들에게 배양하기 위해, 2016년에 전 세계 국가들에서는 처음으로 국가 교육과정의 일부로 과목의 경계를 없애는 '현상기반학습(PhenoBL, phenomena-based learning)'을 도입했다. 현상기반학습 과정을 학생들에게 학제간 접근법(interdisciplinary approach)을 통해 깊이 있는 공부의 필요성을 느끼고 스스로 공부하고 싶다는 동력을 갖게 한다.[45] 이러한 교육개혁에 대해 핀란드 국가 교육원(Finnish National Board of Education)의 교육과정개발 국장인 이르멜리 할리넨(Irmeli Halinen)은 다음과 같이 언급했다:

"(핀란드) 교육 시스템이 전 세계에서 가장 좋은 질을 가지고 있는데 왜 더 향상시키려고 하는가에 대한 질문을 많이 받습니다. 답은 다음과 같습니다. 왜냐하면 세상이 바뀌고 있기 때문입니다. 우리는 학교와 연결된 모든 것을 새롭게 생각하고 또 생각해 보아야 합니다. 또한 사회와 직장에서 요구하는 역량들이 바뀌고 있다는 것도 고려해야만 합니다."[46]

이처럼 핀란드 교사와 교육 행정가들은 융복합 시대에 학습과 교육에 대한 정의를 새로 내리려고 하고 있으며, 과목(subject) 중심이 아닌 역량(competency) 혹은 기술(skill) 중심의 방향으로 교육의 목적을 선회하려는 움직임을 보인다.

헬싱키 대학의 교육 심리학 교수인 끼르스띠 롱까(Kirsti Lonka)에 따르면 전통적으로 학교에서의 학습은 열거된 과목 중심 주제와 사실을 습득하는 모델로 이해되어 왔으나, 이는 우리가 실제 생활에서 사고하는 방식과는 상당히 괴리된 방식이다.[47] 실제로 우리는 별개의 과목 중심이 아닌 전체적으로(holistic) 사고한다. 따라서 국제적인 위기, 이민, 경제, 포스트모더니즘과 같은 세계에서 일어나는 문제 혹은 현상에 대해서 이제 학생들은 과목의 경계를 뛰어넘어 다면적으로 사고하고 상호 문화적인 요소들을 이해할 수 있는 법을 배워야 한다. 핀란드의 교육개혁은 이러한 문제의식을 반영한 결과라고 볼 수 있다.

한국은 4차 산업혁명 시대를 준비하고 있는가?

미국과 영국, 핀란드와 같이 우리에게 친숙한 교육 선진 국가들뿐만 아니라 여러 개발도상국에서도 4차 산업혁명에 맞춘 교육 실험이 현재 진행 중이다. 우루과이에서는 2007년, 수학 개념의 시각화 및 체험을 가능하게 해 주는 프로그램을 아이들의 노트북에 설치하여 전국 모든 공립학교 학생에게 노트북 컴퓨터를 무상 지급하기 시작했다. 노트북 컴퓨터를 통해 방정식의 해를 구하는 과정을 그림을 이용해 시각적으로 이해시키고, 기하학적 모양을 소리로 표현해 노래를 만들게 하는 등 보고 듣는 수학 교육 실시한 것이다. 이런 새로운 수학 교육 방식이 아이의 흥미를 유지하게 하는 효과가 지속적으로 보고되고 있다.[48]

유럽에서 창업이 가장 많은 나라 중 하나인 에스토니아도 구소련에서 독립 후 'e에스토니아'라는 슬로건을 만들고 IT 분야를 기간 산업으로 정한 후, 2013년에는 1인당 GDP 2만 3600달러를 달성할 정도로 빠르게 성장했다. 그뿐만 아니라 2017년 8월 25일 에스토니아는 중앙은행이 직접 암호 화폐 에스트코인(Estcoin)을 발행하여 ICO(Initial Coin Offering)를 통해 진행하겠다고 발표했다. 암호화폐 거래나 암호화폐를 통해 자금을 모집하는 ICO를 전면 규제하는 국가도 있지만, 에스토니아는 정부가 암호화폐를 직접 발행하겠다고 밝혔다.[49] 덕분에 매년 1만 개가 넘는 기업이 새로 생겨나고, 그중 200여 개가 신생 벤처기업(start-up)일 정도로 유럽에서 창업이 활

발한 국가가 되었다.[50]

이러한 IT 산업의 발전 뒤에는 국가 주도의 소프트웨어 교육이 있었다. 에스토니아 학생들은 초·중·고등학교에선 수학·과학 등에 컴퓨터를 활용하는 교육을 필수적으로 받는다. 이러한 소프트웨어 교육과정은 '프로지 타이거(Proge Tiger)'로 불리는데, 교육 목표는 코딩 교육을 통해 논리적 사고력과 창의력, 수학적 능력을 키워 주는 데 있다.[51]

이렇게 세계 여러 나라들은 이미 4차 산업혁명에 발맞추어 교육과정 및 평가를 변화하는 등 각고의 노력을 기울이고 있다. 하지만 우리나라의 경우 교육에 관해 교육제도의 개편과 관련된 소모적인 논쟁과 논란만 계속되고 있다. 정권이 바뀔 때마다 되풀이되어 온 교육제도의 개편과 관련하여 우리가 근본적으로 관심을 두어야 하는 문제는 '어떻게 하면 우리 아이가 명문 대학에 갈 수 있는가'가 아니라 '어떻게 하면 우리 아이가 혁명적으로 변화하는 새로운 사회구조에 잘 적응할 수 있는가'로 관심과 관점이 옮겨가야 한다는 것이다.

이제는 관점을 바꾸어서 생각해 볼 필요가 있다. 우리는 과연 4차 산업혁명 시대에 맞는 창의적인 인재 양성과 교육이라는 시대적 사명에 대해서 생각하고 준비하고 있는가. 이는 정부뿐만 아니라 우리 모두 생각해 보아야 할 때다. 결국 시대의 변화에 따른 교육의 혁신은 비단 한 국민국가의 교육제도라는 거시적인 측면에서뿐만 아니라 아이의 교육과 성장에 지대한 영향을 끼치는 교실 안팎 그리고 가정에서부터의 변화가 시작되어야 한다. 4차 산업혁명으로 인한 변화는 더 이상 정책 입안자들의 문제가 아닌 '나'와 '내 아이'를 위한 것이라는 점을 한국의 교육가와 학부모가 먼저 인식하고 관심을 가질 필요가 있다.

2장

소프트웨어 교육,
이대로 괜찮은가

마크 주커버그와 페이스북

페이스북 창립자인 마크 주커버그가 하버드 대학을 중퇴한 것은 널리 알려진 사실이다. 하지만 그가 존 F. 케네디 대통령 등 미국 정·재계에서 활약하는 막강한 동문들을 가진 명문 사립 고등학교인 필립스 엑시터(Phillips Exeter) 출신이라는 것은 잘 알려지지 않았다.

마크 주커버그는 고등학교부터 과학과 라틴어 등 여러 과목에서 훌륭한 성적을 받았을 뿐 아니라 하버드 대학에 제출한 대입 자기소개서에 프랑스어는 물론 히브리어, 라틴어, 고대 그리스어를 읽고 쓸 수 있다 적었을 정도로 다양한 언어를 구사할 수 있다. 게다가 펜싱팀 주장으로 활약하기도 했다.

고등학교 시절의 마크 주커버그를 아는 이들은 그가 컴퓨터에 흥미를 가지고 인공지능 기능을 가진 음악 재생 프로그램을 만든 학생으로 기억한다. 마크 주커버그는 이미 중학교 때부터 치과 의사였던 아버지로부터 프로그래밍 언어를 배웠고, 소프트웨어 개발자인 데이비드 뉴먼(David Newman)으로부터 개인 지도를 받기도 했다.

뉴욕에 살았던 그는 집 근처 머시 칼리지(Mercy College)에서 개설한 컴퓨터 관련 대학원 수업을 청강할 정도로 컴퓨터에 대한 왕성한 호기심을 보였다.

필립스 엑시터로 학교를 옮긴 후에 마크 주커버그는 동급생인 아담 덴젤로(Adam D'Angelo)와 '인텔리전트 미디어 그룹(Intelligent Media Group)'이라는 기업을 만들었고, 인공지능을 사용하여 사용자의 음악 감상 습관을 학습하는 기능을 가진 음악 재생 프로그램인 시냅스 미디어 플레이어(Synapse Media Player)를 제작했다. 그는 웹 사이트 (www.synapseai.com)*를 하버드 대학교의 학생신문인 〈하버드 크림슨(Harvard Crimson)〉에 소개하면서 시냅스의 뇌(brain), 중심 지능은 100분의 1%의 정확성이 있다고 선전하기도 했다.

시냅스 미디어 플레이어와 관련한 특허에 마이크로소프트와 AOL과 같은 대형 IT관련 기업들은 관심을 보였고, 수백만 달러의 금액으로 구매 의사를 표하기도 했다. 마크 주커버그와 아담 덴젤로는 그 엄청난 금액의 구매 제안을 거절하고 시냅스의 기술을 기술 문맹자(technological illiterate)들을 위해 공개하고 웹 사이트에 무료로 다운로드 받을 수 있도록 했다. 주커버그는 〈하버드 크림슨〉과의 인터뷰에서 "소프트웨어는 모두를 위한 것이다. 사람들이 무료로 프로그램을 사용할 수 있게 하는 것도 우리에게는 중요하다."고 밝혔다.[1] 또한 마크 주커버그와 아담 덴젤로에게 거액을 제시하며 스

---

*   이 사이트는 지금은 존재하지 않는다.

카우트를 제안한 기업들도 있지만 제안을 거절하고 하버드 대학에 입학했다.

재미있는 사실은 주커버그가 필립스 엑시터 학교를 다닐 무렵 학교에서 모든 학생, 교사 및 직원의 연락처 및 사진 정보를 수록한 주소록을 전산화해 '사진 주소록(The Photo Address Book)'을 만들었다는 것이다. 비록 주커버그가 이 전산화 작업에 직접 참여하지는 않았지만 학생들은 이 주소록을 '페이스북(facebook)'이라는 애칭으로 불렀다. 그리고 주커버그가 졸업반이었을 때 엑시터의 학생 위원회(student council)는 페이스북을 온라인 서비스로 제공했다.[2]

페이스북의 탄생에 대한 실화를 바탕으로 만든 영화 〈소셜 네트워크(The Social Network)〉 등을 보면서 사람들은 주커버그가 페이스북에 대한 영감을 하버드 대학 재학 시절에 얻었다고 생각한다. 하지만 페이스북은 주커버그가 어린 시절부터 받은 교육과 경험의 총체적 산물이라고 할 수 있다. 어릴 때부터 받았던 프로그래밍과 컴퓨터에 대한 교육과 학습, 필립스 엑시터에서의 사진 주소록(엑시터판 페이스북) 그리고 음악 재생 프로그램을 만들었던 경험 모두가 페이스북을 탄생시킨 원동력이었다.

우리나라 소프트웨어 교육의 현황

정보화사회로의 이행은 피할 수 없는 세계적 추세가 되었다. 이에

발맞추어 우리나라에서도 2015년에 개정 교육과정에서 소프트웨어
(SW: Software) 교육 의무화를 반영하였고, 2018년 중학교 과정을 시
작으로 2019년에는 초등학교 5, 6학년으로 단계적 확대 실시되는
교육안이 마련되어 시행되고 있다. 또한 문·이과 통합 교육과정도
발표되어 2018년도부터 시행되고 있다. 미래에 필요한 과학기술 소
양 함양 교육과 소프트웨어 교육을 강화해야 한다는 국가·사회적
요구가 새로운 교육개혁안에 강하게 반영된 것이라 볼 수 있다.

초등학교 소프트웨어 교육은 기존의 실과 교과에 있는 정보 통신
활용과 관련 내용을 소프트웨어 교육을 중심으로 개편하였다. 오른
쪽은 학교 급별 소프트웨어 교육과정에 대해 정리한 표이다.[3]

표에서 보는 바와 같이 소프트웨어 교육은 컴퓨팅의 개념과 원리
를 기반으로 문제 해결력과 사고력을 확장하는 데 목적을 두고 있
고, 크게 '생활과 소프트웨어', '알고리즘과 프로그래밍', '컴퓨팅과
문제 해결'이라는 세 가지 주요 범주로 구성된다.

학교 급별 소프트웨어 교육은 초등학교에서는 체험과 활동을 중
심으로 정보 윤리 의식을 심어 주고 알고리즘과 프로그래밍을 체험
하게 하고, 중학교에서는 개념 이해를 바탕으로 간단한 알고리즘을
설계하고 프로그램을 개발할 수 있도록 했으며, 고등학교에서는 효
율적인 알고리즘을 설계하고 다양한 분야와 융합하여 문제 해결 능
력을 확장할 수 있도록 교육과정을 구성하고 있다. 이와 같이 변화
된 교육과정으로 과학기술정보통신부와 교육부는 2015년부터 228
개교의 소프트웨어 연구 선도 학교를 시범 선정해 소프트웨어 교육

영역	초등학교	중학교	고등학교
생활과 소프트웨어	나와 소프트웨어 – 소프트웨어와 생활 변화	소프트웨어의 활용과 중요성 – 소프트웨어의 종류와 특징 – 소프트웨어의 활용과 중요성	컴퓨팅과 정보 생활 – 컴퓨팅 기술과 융합 – 소프트웨어의 미래
	정보 윤리 – 사이버 공간에서의 예절 – 인터넷 중독과 예방 – 개인 정보 보호 – 저작권 보호	정보 윤리 – 개인 정보 보호와 정보 보안 – 지적 재산의 보호와 정보 공유	정보 윤리 – 정보 윤리와 지적 재산 – 정보 보안과 대응 기술
		정보 기기의 구성과 정보 교류 – 컴퓨터의 구성 – 네트워크와 정보 교류*	정보 기기의 동작과 정보 처리 – 정보 기기의 동작 원리 – 정보 처리의 과정
알고리즘과 프로그래밍	문제 해결 과정의 체험 – 문제의 이해와 구조화 – 문제 해결 방법 탐색	정보의 유형과 구조화 – 정보의 유형 – 정보의 구조화*	정보의 표현과 관리 – 정보의 표현 – 정보의 관리
		컴퓨팅 사고의 이해 – 문제 해결 절차의 이해 – 문제 분석과 구조화 – 문제 해결 전략의 탐색	컴퓨팅 사고의 실제 – 문제의 구조화 – 문제의 추상화 – 모델링과 시뮬레이션
	알고리즘의 체험 – 알고리즘의 개념 – 알고리즘의 체험	알고리즘의 이해 – 알고리즘의 이해 – 알고리즘의 설계	알고리즘의 실제 – 복합적인 구조의 알고리즘 설계 – 알고리즘의 분석과 평가
	프로그래밍 체험 – 프로그래밍의 이해 – 프로그래밍의 체험	프로그래밍의 이해 – 프로그래밍 언어의 이해 – 프로그래밍의 기초	프로그래밍의 이해 – 프로그래밍 언어의 분류
			문제 해결과 프로그래밍 – 프로그래밍의 실제
컴퓨팅과 문제 해결		컴퓨팅 사고 기반의 문제 해결 – 실생활의 문제 해결 – 다양한 영역의 문제 해결	컴퓨팅 사고 기반의 융합 활동 – 프로그래밍과 융합 – 팀 프로젝트의 제작과 평가

〈학교 급별 소프트웨어 교육과정〉

중학교 *표는 심화 과정 내용

의무화에 대비해 왔다. 소프트웨어 연구 시범 선도 학교는 2016년
에는 900개교, 2017년에는 1,200개교, 2018년도 3월에는 1,641개
교 등으로 해마다 증가해 왔고, 선정된 학교들은 각각 1000만 원 안
팎의 지원금을 받아 소프트웨어 교육을 실시할 수 있는 기반을 마

련할 수 있었다.

하지만 이런 개혁의 흐름에도 불구하고 우리나라에서 소프트웨어 교육을 체계적으로 실시하기에는 아직도 어려움이 많다. 소프트웨어 과목을 가르칠 교사의 수는 학교 당 불과 0.4명에 불과하고,[4] 교육 평가 기준의 부재, 교육 인프라의 노후화로 인한 문제 등 학교 현장에서 다양한 어려움을 호소하고 있다. 또한 교육부는 개정된 소프트웨어 교육안에 대한 성취 기준을 발표했지만, 이에 대한 교사들의 인식이 여전히 높지 않은 것이 현실이라 더 많은 시간과 노력이 필요하다.[5]

소프트웨어 관련 교육정책이 장기적이고 종합적인 안목으로 수립되어 꾸준히 추진되지 못하고 자주 바뀌는 것도 문제라고 할 수 있다. 우리나라는 2000년에 세계에서 선도적으로 초등학교 1학년부터 주 1시간씩 컴퓨터 교육을 실시하고, 2006년에는 알고리즘에 대한 개념을 포함한 정보통신기술 교육 지침까지 만드는 등 적극적으로 소프트웨어 교육을 장려하였으나, 2008년 정권이 바뀌면서 이전 정부에서 도입되었던 정보통신기술에 대한 교육 지침은 폐지되고 관련 교육이 축소되었다.

정규교육에서 축소된 정보통신기술 교육은 결국 학교 간 지역 간 격차를 심화시켰다. 현재의 개정안도 급변하는 시대에 학생들을 적절하게 교육시키기에 충분치 않다는 목소리가 많지만 이에 대한 대안은 답보 상태에 있다. 결국 학부모들의 불안감을 이용한 사교육 시장만 들썩이고 있는 실정이다.[6]

소프트웨어 교육이란?

소프트웨어 교육의 의미는 무엇인가? 2015년 교육과정 개정안에 따르면 소프트웨어 교육은 "기술 시스템 영역에서의 소통이라는 핵심 개념 안에 소프트웨어 교육과 관련하여 소프트웨어의 이해, 절차적 문제 해결, 프로그래밍 요소와 구조 등 3가지 요소"를 포함하는 교육이다.[7]

교육과정에 따른 소프트웨어의 개념은 단순히 컴퓨터에 사용되는 프로그램뿐만 아니라 우리들의 일상에 이미 깊이 들어와 있는 휴대폰, 가전제품, 사물 인터넷 등 다양한 기자재에 사용되는 프로그램을 포함한다. 더 나아가 이런 소프트웨어 프로그램이 우리 삶에 미치는 영향을 생각해 보는 것까지 소프트웨어 교육이라고 할 수 있다.

개정안에서 언급된 소프트웨어 교육에서 중요한 개념인 '절차적 문제 해결'이 무엇인지 이해하기 위해서는 '절차적 사고'에 대한 개념적 이해가 선행되어야 한다. 절차적 사고는 "문제를 효율적으로 해결하기 위해 문제를 작은 단위로 나누고, 각각의 문제를 단계별로 처리하는 사고 과정"이다.[8] 소프트웨어 교육에서 절차적 사고가 중요한 것은 소프트웨어 교육이 단순히 컴퓨터나 기계 혹은 프로그램을 작동하는 데에서 끝나는 것이 아니기 때문이다. 오히려 학생 스스로 그 안에 숨겨진 원리를 이해하고 적용하여 프로그램을 개발하고 창의적으로 문제를 해결하는 단계까지 나아가는 것을 목표로

한다.[9]

　문제를 해결하는 프로그램을 만드는 과정에서 쓰이는 개념은 순차, 선택, 반복 등의 구조이다. "순차는 명령문을 위에서 아래로 하나씩 순차적으로 수행하는 과정이며, 선택은 주어진 조건에 따라 명령문을 선택적으로 수행하는 과정이다. 반복은 명령문을 특정 횟수만큼 반복하거나 주어진 조건이 만족할 때까지 반복하는 과정이다."[10] 이러한 순차, 선택, 반복 등의 구조를 배열해 일정한 알고리즘을 만드는 것이 절차적 사고의 기본이라고 할 수 있다.

　이러한 의미에서 소프트웨어 교육은 컴퓨터적 사고(Computational Thinking)*를 통해 문제를 해결하는 능력을 길러 내는 교육이라고도 볼 수 있다. 컴퓨터가 사람이 내린 지시에 따라 판단하고 명령을 수행하도록 판단 기준을 정하고 적절한 명령을 내리는 논리적 사고 과정에 대해 배우는 것이다. 즉 미래 교육에서 중요한 컴퓨터적 사고의 핵심은 "인간이 실생활에서 직면할 수 있는 다양하고 복잡한 문제를 어떻게 해결할 것인지를 절차적으로 사고하고, 컴퓨팅 기기가 제공하는 강력한 능력을 통해 문제의 해결 과정을 효과적이고 효율적으로 처리하는 종합적인 사고 과정"이다.[11]

컴퓨터적 사고는 4차 산업혁명 시대의 핵심 역량이라고 볼 수 있다. 4차 산업혁명 시대에 중요한 변화 중의 하나가 바로 컴퓨터와 인간 능력의 결합이기 때문이다. 이러한 변화는 다음과 같이 컴퓨터를 위시한 기계의 학습 능력을 새롭게 정의한 데서부터 시작하였다:

"(이는) 학습의 모든 측면 혹은 지능의 다른 모든 특성이 원칙적으로 기계가 이를 모방할 수 있도록 정확하게 기술될 수 있다는 가정이다. 기계가 어떻게 언어를 배우고, 추정과 개념을 형성하며, 지금은 인간만 가능한 문제를 풀고, 스스로를 개선할 수 있는지를 찾기 위한 시도가 이뤄질 것이다."[12]

인공지능이 인간으로 하여금 더 나은 음악과 논문과 신문 기사를 쓸 수 있도록 도와주고, 사람의 뇌에 삽입해 그 능력을 강화하는 인공지능(AI) 기술인 뉴럴 레이스(neural lace)와 같은 신기술이 인간의 뇌를 도와 언어를 빠르게 습득할 수 있게 해 준다. 이러한 시대에 필요한 소프트웨어 교육은 "컴퓨팅 시스템이 가지고 있는 다양한 능력을 인간의 사고 능력과 통합하여 새로운 형태의 인지구조를 활용"할 수 있도록 하는 교육이라고 할 수 있다.[13] 결국 소프트웨어 교육은 우리 아이들이 급격한 시대의 변화에 단순히 적응하는 것을 넘어서서 컴퓨터가 사고하는 논리적인 방식을 습득하여 기존의 기술과 접목하고 새로운 창조를 할 수 있는 능력을 가지는 위치까지 나아가야 한다.

소프트웨어 교육의 핵심, 컴퓨터적 사고

우리가 살고 있는 21세기에 주목 받고 있는 컴퓨터적 사고의 구성 요소는 두 개의 A, 바로 2As이다. 2As는 추상화(Abstraction)와 자동화(Automation)로, 추상화는 문제 해결을 위한 단순화 과정이라고 할 수 있고, 자동화는 패턴 인식을 통한 문제 해결을 의미한다. 간단하게 말하면 컴퓨터적 사고는 어려운 문제를 쉬운 문제로 바꾸어 문제를 해결하는 방법이라고 할 수 있다.

간단한 예를 들어 보자. 1부터 100까지의 숫자의 합을 구하라는 문제를 만났을 때 어떻게 풀까? 1+2+3+4…와 같이 계속 더해 나가는 방식으로 해결할 수 있다. 그런데 컴퓨터적 사고로 해결을 한다면 (100+1)+(99+2)+(98+3)…과 같은 반복되는 일정한 패턴을 발견하고, 이와 같은 패턴이 몇 번 반복되는지 체계를 파악하여 간단하게 해결할 수 있다. 이것이 컴퓨터적 사고에서 패턴 인식(pattern recognition)의 과정이다.

더해서 101이 되는 패턴이 몇 차례 반복되는가 하는 것도 100을 반(1/2)으로 나누어서 간단하게 확인할 수 있다. 이를 통해서 해결 방법을 찾고 정리하여 이와 같은 수식으로 정리한다. 이를 마지막 단계인 알고리즘 디자인으로 자동적으로 어려운 문제를 해결할 수 있도록 하는 것이다.

컴퓨터적 사고를 통해서 (100+1)X(100/2)이라는 수식을 만들어 내고 5050이라는 결과를 돌출해 내는 것이다. 이러한 패턴에 대

해서 충분히 숙지하면 더 복잡하고 어려운 문제도 같은 방법으로 단순화해서 풀 수 있다. 1부터 1000까지의 숫자의 합도 같은 방법으로 $(1000+1) \times (1000/2)$로 수식을 만들 수 있고, 수식을 통해서 500,500이라는 결과를 간단하게 얻을 수 있다.

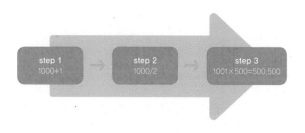

컴퓨터적 사고는 이와 같이 문제의 일정한 패턴을 파악하고 논리적 문제 해결을 위한 알고리즘을 통해서 어려운 문제를 단순화하여 해결하는 것이다. 컴퓨터적 사고는 수학뿐 아니라 언어학과 같은 학문에서도 응용된다. 언어학에서 언어 습득의 방법인 패턴 학습은 전형적으로 컴퓨터적 사고를 응용한 것이다.

> I have two orange fish.
> 나는 두 마리의 오렌지 색 물고기가 있다.
>
> I have three orange cats.
> 나는 세 마리의 오렌지 색 고양이가 있다.
>
> I have two orange chairs.
> 나는 두 개의 오렌지 색 의자가 있다.

위과 같은 세 개의 문장은 컴퓨터적 사고를 통해서 문장의 일정한 패턴을 파악하여 'I have ____ orange ____. 나는 ____ 오렌지 색 ____가 있다.'라는 알고리즘을 만들어서 수많은 문장을 만들 수 있는 바탕이 된다.[14] 이처럼 컴퓨터적 사고의 활용 범위는 무궁무진하다.

스스로 만들어 보는 경험

1960년대 컴퓨터가 여전히 생소하던 시절에 어린이가 사용하기 쉽고 프로그래밍도 할 수 있는 교육용 컴퓨터 프로그래밍 언어의 하나인 '로고(LOGO)'(1968)를 만든 MIT 대학의 시모어 페퍼트(Seymour Papert) 교수는 컴퓨터적 사고라는 용어를 처음으로 사용한 인물로 알려져 있다. 그는 컴퓨터와 교육, 창의에 대한 혁명적 교육철학서

〈페퍼트 교수〉
http://powerakademy.com/post/creation-research-society

《마인드스톰(Mindstorms)》(1980)에서 학습자들이 프로그램을 통하여 자신의 생각을 표현하고, 자신이 생각한 대로 프로그램이 구현될 때까지 지속적으로 고치고 반복하는 과정을 통해서 자신의 생각을 구성해 낸다(construct)고 주장했다.[15]

페퍼트 교수의 이러한 생각은 학습자를 스스로 새로운 정보를 발견하고 변형할 수 있는 능동적인 사람으로 보는 피아제(Piaget)의 구성주의 교육학(Constructionist pedagogy)의 영향을 받았다.[16] 구성주의 교육학은 학습자들이 새로운 것을 만들고(make), 세우는(build) 과정을 통해 스스로의 사고와 학습 과정을 성찰하는 것을 학습의 핵심 과정으로 본다. 페퍼트 교수는 구성주의 학습법을 컴퓨터와 접목시켜 '어린이들을 위한 사이버네틱스(Cybernetics for children)'*로 발전시켰고, 이러한 생각을 프로그래밍 언어로 구체화시킨 것이 바로 로고이다. 로고는 나중에 레고 마인드스톰 로봇공학 조립 세트(Lego

Mindstorms robotics kit)로 발전되었다.[17]

구성주의 교육학과 프로그래밍 교육의 만남은 학습자가 스스로의 모형을 만들어 보고, 시험해 보고, 다시 정교하게 고쳐 보는 과정을 통해 개인적으로 생산을 하며, 자신의 주체성과 창조성을 발현하는 데 그 의의를 두고 있다. 즉 소프트웨어 교육의 교육적 의의는 학생들로 하여금 기존의 지식 습득 교육의 폐해를 벗어나 스스로 무언가를 창조해 볼 수 있게 격려하고 이에 알맞은 교육적 환경을 만들어 주는 것이다.

컴퓨터적 사고에 관한 논의는 1960년대부터 학계에서 이미 활발히 이루어졌고, 1990년대 후반에 대중적으로 알려졌다. 미국에서 닷컴 붕괴로 컴퓨터 관련 학과의 인기가 시들해진 1990년대 중반에 당시 카네기 멜론 대학의 교수였던 지넷 윙(Jeannette Wing)은 《Communications of the ACM(Association for Computing Machinery)》이라는 학술 잡지를 통해 컴퓨터적 사고는 단순히 컴퓨터 관련 학과를 전공하거나 관련 분야에서 일하는 사람만이 아니라 현재의 진보된 인터넷 기술의 시대를 살아가는 우리 모두에게 다 필요한 사고라고 주장했다. 그녀의 글이 다양한 매체에서 화제가 되면서부터 컴퓨터적 사고가 대중화된 용어로 인식되기 시작했다.

컴퓨터적 사고와 관련하여 그녀는 다음과 같은 세 가지 질문을 던졌다.

---

* 　사이버네틱스는 '인공 두뇌학'이라고도 불리는데 인간과 기계의 결합 혹은 융합을 통해서 통제와 제어를 연구하는 인지과학의 한 분야이다.

1. 인간이 컴퓨터보다 잘 할 수 있는 게 무엇인가?

   (What can humans do better than computers?)

2. 컴퓨터가 인간보다 잘 할 수 있는 게 무엇인가?

   (What can computers do better than humans?)

3. (그리고 가장 중요한 문제는) 무엇이 계산 가능한가?

   (What is computable?)

이 질문에 답하기 위해 지넷 윙 교수는 컴퓨터적 사고를 다음과 같이 설명한다. 컴퓨터적 사고는 프로그래밍(programming)이 아니라 '개념화(conceptualizing)' 작업이라고 말이다. 즉 컴퓨터 과학자처럼 사고할 수 있다는 것은 컴퓨터를 프로그래밍 하는 차원을 넘어 다면적인 추상화 사고를 통한 문제 해결 능력을 갖는다는 것이다.

컴퓨터적 사고를 하는 사람은 먼저 문제(혹은 시장의 필요)를 해결할 수 있는 방법을 설계한다. 그 다음에 프로그래밍 언어를 사용해 문제 해결 방법을 구현하는 '코딩'이라는 과정을 거친다. 여기까지는 가상 세계(cyber space)에서 일어나는 일이고, 문제 해결을 위해서는 현실 세계의 디바이스(스마트폰, PC, 로봇 등)가 필요하다. 그러나 프로그래밍(코딩)과 디바이스는 문제 해결을 위한 매체일 뿐 컴퓨팅적 사고의 본질은 아니다. 소프트웨어 교육의 핵심은 문제를 해결할 수 있는 논리를 만드는 설계이기 때문이다. 그래서 수학적, 과학적 소양이 충실한 사람이 컴퓨터적 사고를 할 수 있고, 이러한 논리적 사고를 통해 문제 해결 방안을 도출할 수 있다.

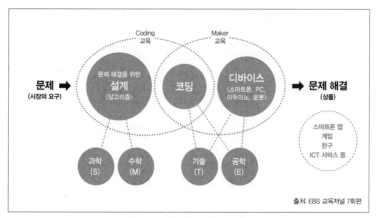

〈소프트웨어 교육의 핵심 설계〉

위의 그림에서 보이는 바와 같이 코딩은 소프트웨어 교육의 일부일 뿐이다. 오히려 소프트웨어 교육은 컴퓨터가 사고하는 방식을 바탕으로 주어진 문제를 논리적으로 해결하는 법을 배우는 사고력 중심의 교육이다. 이러한 소프트웨어 교육은 최근 인기를 끌고 있는 메이커 교육과 연결되어 소프트웨어 기반 메이커 교육으로 발전했다.

디지털 제작 도구도 많아지고, 아두이노(Arduino)와 같은 마이크로 컨트롤러* 플랫폼에 접근하는 것도 쉬워졌다. 또한 온라인 커뮤니티를 통해 자신의 아이디어 및 소프트웨어를 공유하고, 피지컬 컴퓨팅(physical computing)** 도구를 활용하는 사람들도 많아졌다.

---

*　　전자 기기에 대부분 들어가는 작고 단순한 코딩 혹은 컴퓨팅 장치

3D 프린터의 대중화는 실제 물체를 활용할 뿐만 아니라 새로운 제품을 생산하기 위한 프로토타입(prototype)*** 개발을 용이하게 만들었다.[18]

이 덕분에 미래 세대인 학생들은 놀이 중심으로 알고리즘을 통해 소프트웨어의 제작 원리를 이해하고 컴퓨터적 사고의 기초를 닦을 뿐만 아니라, 자신들의 생각을 구체적인 제품이나 도구로 개발할 수 있는 여지와 가능성이 이전보다 훨씬 많아졌다.

없애든지 아니면 다시 시작하든지, 영국의 소프트웨어 교육

컴퓨터적 사고력 및 소프트웨어 교육과의 연결 고리를 강화시키고 이를 중심으로 기존 학교 교육과정 내에 소프트웨어 교육을 선도적으로 실시하는 나라는 영국과 미국이다. 그중에서도 소프트웨어 교육 하면 가장 먼저 등장하는 나라는 영국으로, 2014년 9월부터 5~14세를 대상으로 코딩과 프로그래밍 등 소프트웨어 교육을 단계별로 진행하고 있다.

** 피지컬(physical)이란 '물리적인'이란 뜻을 담고 있다. 따라서 피지컬 컴퓨팅이란 물리적인 무언가를 접합시켜 코딩을 하는 것으로 학생들이 실제적으로 자신이 한 코딩이 어떻게 구현될 수 있는지 눈으로 볼 수 있게 함으로써 교육적 효과를 높일 수 있다.

*** 프로토타입이란 상품이나 디자인의 원형으로서, 여기서는 실제로 상품화 혹은 대중화되기 전에 실험적으로 만들어 보는 제품을 의미한다.

기존의 교육과정이 워드, 엑셀, 인터넷 검색 등 소프트웨어 활용 능력 배양이 중심이었다면, 새로운 교육과정은 학생 스스로 소프트웨어를 만들 수 있는 프로그래밍 교육으로 전환되었다. 이런 전환점이 마련되게 된 계기에는 영국왕립학회가 2012년에 발간한 보고서가 있다.

'없애든지 아니면 다시 시작하든지(Shut down or Restart)'라는 다소 도발적인 제목을 가진 이 보고서는 전통적인 IT 기술, 디지털 기술에 대한 이해와 활용 능력(Digital Literacy) 등 기존의 정보 습득 및 활용 기술 배양에 초점을 둔 수동적 학습 모델을 비판했다. 대신 이러한 기술이 어떻게 작동하는지(how technology works), 그리고 어떻게 이 기술을 활용하여 창작해 낼 수 있을지(how to create with it)를 목표로 기존의 소프트웨어 교육을 재조정할 것을 주장했다. 즉 수동적 학습 모델에서 프로그래밍 도구를 활용해 창조해 낼 수 있는 창의성 교육으로 교육의 목표가 선회한 것으로 볼 수 있다. 이런 노력의 결과로 영국은 세계에서 가장 진보적인 소프트웨어 교육과정을 가진 나라가 되었다.

영국에서의 소프트웨어 교육은 4가지 단계로 이루어진다. 1단계는 5~7세에서 시작하게 되고 이 시기에는 간단한 프로그램 제작과 논리적 사고를 활용한 프로그램 예측 등을 배운다. 그리고 2단계인 7~11세 학생들은 논리적 사고로 알고리즘을 이해하고 구체적 목표 달성을 위한 프로그램을 만들게 된다. 그 다음 단계로 3단계인 11~14세에서는 학생들이 프로그래밍 언어를 2개 이상 배우기 시작하는데, 이때 하드웨어와 소프트웨어 개념 등 주요 개념을 학습하고 이해하게 된다. 마지막 단계인 4단계는 14~16세 학생들을 대상으로 문제 해결 능력과 컴퓨터적 사고, 창의력 등을 배양하기 위한 심화 학습을 실시한다.

이러한 노력의 결과로 방과 후 활동에서 컴퓨터 교육은 큰 인기를 끌게 되었다. 영국에서는 62%의 초등학교, 72%의 중등학교에서 컴퓨터 교육을 방과 후 수업이나 활동으로 제공하고 있다. 이에 2018년 기준으로 67%의 학생이 학교에서, 20%의 학생이 도서관에서 코딩 교육을 경험했다고 답했을 정도로 학교에서 컴퓨터 교육이 활발하게 진행되고 있다.[19] 코드 클럽(Code Club), 코더도조(CoderDojo) 등은 스크래치, 파이선(Python) 등의 프로그래밍 언어를

〈영국 방과후 코딩 클럽 포스터〉
출처: www.codeclub.org.uk

활용해 방과 후 수업이나 활동을 제공하는 기관들로 영국에서는 이러한 사회적 기업이나 비영리 기관 등이 학교들과 연계되어 소프트웨어 교육에 앞장서고 있다.

하지만 이런 노력에도 불구하고 영국에서도 숙련된 소프트웨어 교육 교사를 찾는 데 어려움을 겪고 있으며, 소프트웨어 교육을 듣는 중학교 여학생의 비율이 20%밖에 안 될 정도로 컴퓨터 교육이 남학생에게 편중되어 있는 실정이다.[20] 그래서 최근 영국왕립학회가 영국 정부에게 향후 5년간 컴퓨터 교육 관련 투자를 10배 이상 늘려야 한다고 촉구하기도 했다. 영국 교육부도 이런 기조에 보조를 맞추어 올해부터 전국적으로 컴퓨팅 교육 센터를 설치해 기업들과 함께 교사들을 지원한다는 계획을 가지고 있고 실제로 진행되고 있는 듯하다.

소프트웨어 기술의 고향,
미국의 소프트웨어 교육

"컴퓨터 프로그래밍은 생각하는 방법을 가르쳐 주기 때문에 모든 사람은 이를 배워야 한다(Everyone should know how to program a computer, because it teaches you how to think)."고 한 애플의 창업자 스티브 잡스의 말은 소프트웨어 기술의 고향이라 할 수 있는 미국 사람들이 가지고 있는 소프트웨어 교육에 대한 인식을 보여 준다.

미국은 주(state)별로 소프트웨어 교육 정책을 시행하고 있다. 뉴욕시와 시카고를 포함한 약 30개의 교육청에서는 고등학교 저학년을 대상으로 2014년 가을 학기부터 코딩(프로그래밍) 수업을 커리큘럼에 포함하기로 합의하였으며, 9개 주의 정책 입안자들은 컴퓨터 과학 수업을 선택과목이 아닌 기초 수학과 과학 교과와 수업 시수를 함께 배정하도록 하였다.[21]

2016년도에 ACM(Association for Computing Machinery)과 ISTE(The International Society for Technology in Education) 양 기관에서 발표한 컴퓨터 교육과정에 따르면, 미국에서는 초등학교부터 컴퓨터 과학의 교육, 정보 기술 및 교육, 디지털 리터러시(Digital Literacy) 교육을 실시하고 있다. 또한 유치원에서도 주 1시간 이상 컴퓨터 교육을 하도록 되어 있다.

좀 더 구체적으로 보면 학년에 따라 3단계로 교육과정을 구분할 수 있다. 1단계는 초등학생 대상으로 간단한 컴퓨터적 사고를 경험하게 한다. 2단계는 중학생이 대상인데 생활 속에서 일어나는 이슈를 이해하고 컴퓨터적 사고를 사용해 해결할 수 있도록 다양한 교육과정을 제시한다. 마지막 단계는 고등학생 대상으로 컴퓨터 및 과학적 개념을 활용해 실생활 속 문제 해결 방안을 스스로 고민해 보도록 하고 있다. 또한 컴퓨터적 사고를 컴퓨터 과학 원리(Computer Science Principles)라는 타이틀로 대학 칼리지 레벨의 수준 높은 교과과정인 AP(Advanced Placement) 과목 중 하나로 제공하고 있다.

미국은 주마다 상이한 교육 정책 및 과정이 있기에 미국 전체에서 어떻게 소프트웨어 교육을 위한 교사를 양성하고 지원하는지에 대해서 총체적으로 파악하기는 쉽지 않다. 하지만 실리콘 밸리가 위치한 샌프란시스코의 사례는 미국 소프트웨어 교육의 현재를 파악하는 데 유용하다.

샌프란시스코 주는 미국에서도 가장 선도적으로 교사 양성과 지원을 하고 있는데, 소규모의 전문가를 양성하여 학교에 파견하고 전문가들이 일반 교사와 협업을 통해 학생들에게 양질의 교육을 제공하도록 하고 있다. 한 달에 한 번 이루어지는 교사 모임을 통해 새로운 내용을 서로 공유하고, 컴퓨터 과학 교사들의 모임(CSTA: Computer Science Teachers Association)같은 회의도 계속 진행하여 우수 사례를 공유할 수 있는 장(場)을 만든다.

이 모임에서는 교육 현장에서 직면하는 공동의 문제들을 같이 논의하여 해결점을 찾고, 소프트웨어 교육의 방법도 공유한다. 그리고 전문가들이 함께 참여하여 교사들과 소프트웨어 교육의 구체적인 방안을 논의하고, 교육과정을 지켜보고 피드백을 제공한다. 이러한 전문가와 교사들의 협업을 통해 미국은 학생들의 소프트웨어 교육 수준과 컴퓨터적 사고를 향상시키기 위해 노력하고 있고, 컴퓨터 교육이 수학이나 과학에 견줄 수 있을 만큼 향상되었다는 평가를 받고 있다.

과목의 경계를 허문 핀란드의 소프트웨어 교육

핀란드는 2016년 개정 교육과정에서부터 소프트웨어 교육이 필수 교육과정으로 도입되었다. 저학년인 1~2학년 때는 프로그래밍이 컴퓨터에 명령어를 전달해 주는 것임을 이해하고, 놀이 및 활동과 연결시킨 문제 해결을 통해 논리적 사고와 정확한 명령 전달법을 배운다. 3~6학년부터는 컴퓨터나 태블릿 PC를 이용해 직접 코딩을 해 보게 되는데, 이때에는 그래픽 기반의 비주얼 프로그래밍 언어(visual programming language)를 사용하여 아이들이 흥미를 잃지 않도록 배려한다. 7~9학년이 되면 학생들은 텍스트 기반의 프로그래밍 언어에 노출되게 되는데, 이때에도 하나의 프로그래밍 언어를 습득하기보다는 스스로 알고리즘을 제작, 원하는 프로그램을 만드는 과정을 배우게 된다.

핀란드 소프트웨어 교육의 특징은 다양한 과목에 소프트웨어 교육을 접목시킨 학제간 접근(interdisciplinary approach)을 통해 자연스럽게 소프트웨어에 노출되게 하는 데 있다. 그래서 과학, 수학 시간뿐 아니라 음악, 체육 시간에도 소프트웨어 교육이 이루어진다. 이런 학제적 접근을 통해 다양한 흥미를 가진 아이들이 쉽게 코딩과 프로그래밍에 접하게 되며 여러 가지 활동을 통해서 테크놀로지가 실생활에서 어떠한 역할을 하고, 어떤 영향을 끼치는지 이해하게 된다. 4차 산업혁명 시대가 융합의 시대로 표현될 정도로 통합적 사고가 중요시되는 만큼 미래 교육에서는 과목별로 구분 지어 학습하는 것보다 여러 과목을 통합해서 사고하는 능력이 중요하다고 할 수 있다.

핀란드의 교육가 린다 류카스(Linda Liukas)는 루비(Ruby)라는 캐릭터를 만들어서 루비가 다양한 학교 환경에서 프로그래밍의 기초를 배워 나가는 내용을 담은 《헬로 루비(Hello Ruby)》라는 북 시리즈를 출판했다. 린다 류카스가 제안한 소프트웨어 교육법은 참으로 다채롭고 흥미롭다.

체육 시간에 학생들은 시퀀스(sequence)에 대한 개념을 배우기 위해서 춤의 스텝을 응용한다. 손뼉 치기(Clap)–손뼉 치기(Clap)–발 구르기(Stomp)–발 구르기(Stomp)–점프하기(Jump) 등 스텝을 다양하게 바꾸어 가면서 혹은 중간에 눈을 감고 뜨기 등 자신이 원하는 모션을 넣어 가면서, 동작에 따라 시퀀스를 달리해 보거나 고쳐 볼 수 있다.[22] 미술에 흥미를 가진 학생들은 뜨개질을 통해서 조건이 만족될 때까지 반복 실행하는 루프(loop) 프로그램의 개념을 배울 수도 있다. 또한 문학에 관심이 많은 학생들을 위해선 스토리텔링 기법을 사용해서 프로그래밍 개념을 배울 수 있도록 유도한다.[23]

《헬로 루비》의 에피소드 중 하나는 이런 식으로 진행된다. 루비의 아빠는 아침에 일어난 루비에게 옷을 갈아입으라고 말한다. 하지만 게으른 루비는 입고 있던 파자마 위에 옷을 덧입고 거실로 나온다. 이를 본 아빠는 루비에게 그렇게 입어서는 밖에 나갈 수가 없다고 이야기하면서, 파자마를 벗은 '다음에' 옷을 입으라고 한다. 이렇게 바른 연속성을 가진 차례, 곧 '시퀀스' 대로 움직여야만 루비는 아빠

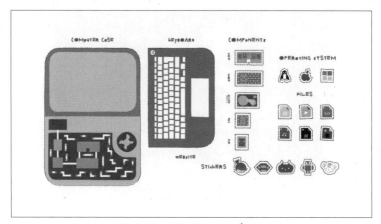

〈류카스가 고안한 페이퍼 컴퓨터 모형〉

출처: https://www.helloruby.com/play/2

와 함께 외출을 할 준비가 되는 것이다!

　린다는 어떻게 하면 6살 어린아이도 프로그래밍 언어를 쉽게 이해하고 접근할 수 있을까 고민했다. 어린 시절부터 이야기와 그림 그리기를 좋아했던 그녀는 컴퓨터와 프로그래밍이 가지고 있는 다양한 특성들을 담은 캐릭터들을 고안하고 다양한 일상의 상황들을 설정하여 아이들이 프로그래밍을 어려운 언어가 아닌 일상을 함께 하는 친구처럼 느끼도록 이야기를 구성했다. 그래서 탄생한 것이 《헬로 루비》 북 시리즈였다. 여기서 끝나지 않고 아이들이 실제 종이로 컴퓨터를 만들어 보고 자신 만의 응용 소프트웨어, 곧 애플리케이션을 만들어 보도록 가르치면서 프로그래밍 언어를 배우면서 동시에 상상력도 키울 수 있도록 돕고자 했다.

　린다는 유튜브 강의에서 자신이 가장 좋아하는 사례로, 핀란드

〈TED 강연 중인 린다 류카스〉

출처: Youtube 〈The poetry of programming | Linda Liukas | TEDxCERN〉 영상 화면 캡처

의 한 남자아이를 소개한다. 이 아이는 평소 아빠와 함께 집에서 우주 놀이를 자주 했고, 우주와 관련된 다양한 이야기에 관심이 많았다. 그래서 선생님이 종이 컴퓨터에 애플리케이션을 만들자고 했을 때, 아빠를 위험에 빠진 우주정거장에서 구출해 내는 우주 간(inter-galaxy) 앱을 만들었다고 한다!

이렇듯 핀란드의 소프트웨어 교육은 미술, 체육, 언어, 과학 등 다방면의 과목을 총 동원해 컴퓨터와 관련 테크놀로지의 기본(basics)을 다양하게 학생들에게 접하게 해 주는 것을 골자로 하고 있다. 소프트웨어 교육의 실행에도 핀란드 교육 혁신의 요체인 학제적 접근을 시도하는 것이야 말로 핀란드 교육의 저력을 보여 준다. 이는 전반적인 교육제도와 교육과정의 차이에서 비롯된다고도 할 수 있다. 그리고 가장 중요하게도, 핀란드에서는 표준화된 시험에 대한 심리적 부담이 없기 때문에 교사가 다양한 교육적 실험 및 모델들을 적용해 볼 수 있는 주체성(autonomy)이 확보되고 사회적으로도 이를 반기는 문화가 자연스럽게 형성되었다.

에스토니아와 인도의 소프트웨어 교육

교육 선진국이라고 불리는 나라들뿐만 아니라 세계의 여러 나라들이 발 빠르게 소프트웨어 교육을 확대하고 있다. 구소련에서 독립한 에스토니아는 'e에스토니아'라는 슬로건을 만들고 IT 분야를 기간산업으로 육성하여 동유럽에서 빠르게 성장한 국가로 알려져 있다.

에스토니아는 인구 130만 명의 작은 나라이지만 소프트웨어 교육을 적극적으로 하는 나라로 손꼽힌다. 에스토니아는 2012년부터 프로지 타이거 프로젝트라는 교육과정 아래 초등학교 1학년부터 고등학교까지 학생 수준별 맞춤 소프트웨어 교육 내용을 개발, 진행하고 있다. 교육과정에서 단순히 소프트웨어를 다루는 수준에 그치는 것이 아니라, 사고력과 창의력, 수학 역량 계발 등 다양한 방향으로 소프트웨어 교육을 진행할 뿐 아니라, 수학, 로봇, 과학 등 각종 수업과 연계하여 소프트웨어에 대한 인식을 확대하고 그 활용을 자연스럽게 할 수 있도록 유도한다.

IT 선진국으로 널리 알려진 인도도 1980년대 후반부터 9~12학년 고학년을 대상으로 한 소프트웨어 교육을 진행했고, 2000년대 초반부터는 저학년을 위한 과정 지침을 마련하여 소프트웨어 교육

대상을 전 학년으로 확대했다. 이에 따라 1~8학년 저학년은 스토리와 캐릭터 기반의 게임형 콘텐츠로 소프트웨어 교육을 학습하는 등 범위와 내용을 다양화하고 있다.

국가별 소프트웨어 교육과정 비교

우리나라 현재의 소프트웨어 교육은 중학교에서는 '컴퓨터'라는 이름으로, 고등학교에서는 '정보사회와 컴퓨터'라는 이름으로 행해지고 있는데, 정보사회 이해, 컴퓨터 기기 및 윈도우 사용법, 아래한글 사용법, 인터넷 사용법, 멀티미디어 자료 만들기 등을 포함하고 있다.

다음 표는 국가별로 소프트웨어 교육의 교육과정 요소를 분석해서 정리해 놓은 것이다.

우리나라가 소프트웨어 교육을 시작하는 시기는 영국, 미국, 인도, 에스토니아 등 다른 나라들에 비해서 상대적으로 늦고 수업 시수도 적다. 이들 국가에서는 초등학교 저학년부터 소프트웨어 교육을 시작하고 우리나라보다 더 많은 주간 교육 시수를 확보하고 있다. 표에서 보이듯 우리나라에서는 2000년대부터 ICT 활용 교육을 실시하면서 뉴질랜드와 함께 가장 폭넓은 교육과정의 범위의 소프트웨어 교육을 하고 있다. 하지만 이는 제한된 시수 안에 너무 많은 내용을 소화해야 한다는 것을 의미하며, 결국 교사와 학생들 모두

내용 분류	프랑스	이스라엘	한국	뉴질랜드	러시아	스웨덴	영국
알고리즘 개념	O	O	O	O	O	O	O
애플리케이션 시스템		O	O	O	O	O	O
인공지능			O	O			
컴퓨터와 커뮤니케이션 디바이스	O	O	O	O	O	O	O
컴퓨터 인간 상호작용			O	O			
컴퓨터 네트워크	O		O	O	O	O	O
데이터 보호				O	O		
데이터 보안			O	O	O		
데이터 구조	O	O	O		O		O
데이터베이스 시스템			O	O	O	O	O
디지털 미디어			O	O		O	
윤리적인 이슈		O	O				
정보화, 디지털화	O	O	O	O	O		O
컴퓨터 과학의 수학적 측면	O	O	O	O	O		O
모델링	O	O	O	O	O		
객체 지향 개념 (Object Oriented Concept)		O	O	O	O	O	
OS(Operating System)	O	O	O	O	O	O	O
문제 해결	O	O	O	O	O	O	O
프로그래밍 이슈	O		O	O	O	O	O

〈국가별 소프트웨어 교육 비교〉

출처: Hubwieser, P., et al., 〈A global snapshot of computer science education in K-12 schools〉, 《Proceedings of the 2015 ITiCSE on Working Group Reports, ACM》(2015), p. 75

에게 부담으로 작용할 수도 있다. 또한 소프트웨어 교육까지도 주입식으로 단순히 암기를 통해 습득하여 컴퓨터적 사고를 통해 논리적 사고를 배양하고 실생활에 적용해 볼 수 있는 기회를 놓치는 결과를 초래할 수도 있다. 소프트웨어 교육을 실행하는 데 앞서서 다시 한 번 우리가 '양'이 아닌 '질'을 추구하는 교육을 준비하고 있는지 점검해 볼 필요가 있다.

아이들을 위한 프로그래밍 언어

프로그래밍 언어는 크게 텍스트 기반의 언어와 블록(혹은 그래픽) 기반의 언어라는 두 가지 유형으로 나눌 수 있다. 우리나라에서는 프로그래밍 초보자들이 쉽게 이용할 수 있고 다루기가 용이한 블록 기반의 프로그래밍 언어가 교육 목적으로 더 많이 사용된다.[24] 대표적인 블록형 프로그래밍 언어는 스크래치(Scratch), 엔트리(Entry), 코두(Kodu)로 프로그램 작성에 필요한 명령이 블록 형태로 제공되며, 학습자는 필요한 블록을 스크립트 창에 마우스를 움직여서 조합하게 된다. 문법적으로 구문이 맞을 때만 블록이 결합되기 때문에, 학습자는 구문 오류에 대한 부담을 덜 수 있다. 블록형 기반의 언어는 배우기는 쉽지만 그 기능이 한정되어 있다. 또한 "제시된 블록은 기본적으로 캐릭터를 움직이거나 소리를 내고, 그림을 그리는 것들로 '캐릭터를 조작하는 것'으로 특화"되어 있다.[25]

고급 레벨에서 프로그래머들이 다루는 언어는 대부분 텍스트 기반의 언어이기 때문에 영국에서는 만 11세에서 14세 사이에 프로그래밍 언어 두 가지를 배울 때 한 가지는 반드시 텍스트 기반의 언어를 배우도록 하고 있다. 텍스트 기반의 언어는 다른 텍스트 프로그래밍 언어와 호환과 전이가 잘 될 뿐만 아니라 기본적인 프로그래밍의 지식과 구조를 쌓는 컴퓨터적 사고의 향상에 도움이 된다. 이 때문에 나중에 고급 프로그램을 만들고자 하는 학생들은 필수적으로 C언어, 파이선, 자바(JAVA)와 같은 텍스트 기반의 언어를 배워야 한다.

블록 기반 프로그래밍 언어 중 초등학생 교육용으로 가장 많이 쓰이는 스크래치에 대해 더 살펴보도록 하겠다. 스크래치는 MIT 미디어 연구소의 Lifelong Kindergarten Group에서 2005년 공식 발표한 교육용 프로그래밍 언어로서, 기존의 텍스트 코딩과 달리 스크립트를 블록 맞추듯이 연결하여 코딩을 하는 방식이다. 이렇게 간단한 코딩 방식으로 인하여 초보자도 독학으로 프로그래밍을 배울 수 있고 나이가 어린 학습자도 간단한 게임이나 애니메이션을 만들 수 있다. 스크래치는 누구나 무료로 이용할 수 있으며 주로 8~16세를 대상으로 만들어졌지만 프로그래밍 언어에 익숙하지 않은 아이들을 포함한 모든 연령층에서 이용할 수 있다.

스크래치의 개발자인 MIT의 미첼 레스닉(Mitchel Resnick) 교수는 컴퓨터에 대해서 잘 모르는 학습자도 일단 스크래치에 있는 블록을 모아서 어떤 식으로 움직일지 여러 가지로 시도를 해 보면서 자연스럽게 프로그래밍 블록 언어에 익숙해지는 것이 중요하다고 강조했다. 새로운 것을 배울 때는 평소에 관심이 있고 편안하게 느끼는 것을 선택하면 되는데, 그림 그리기를 좋아하는 학습자라면 블록을 모아서 어떤 식으로 움직일 건지 먼저 만져 보고 자신의 방식대로 그림을 그려 볼 수도 있다.

이렇게 자신이 원래 좋아하던 활동과 연관을 지음으로써 코딩에 대한 두려움을 극복한 후에는, 자신의 활동을 다른 사람들과 공유하고 함께할 수도 있다. 스크래치 프로그램의 웹 사이트는 전 세계 누구나 접속할 수 있고 자신이 만든 프로젝트를 올려 공유할 수 있도록 구성되어 있어서, 더 많은 이들이 참여하여 각각의 프로그램을 보완·발전할 수 있게 한다. 예를 들어 화살표 키를 움직여서 새나 개구리 같은 동물들을 움직여 보고 원하는 물건을 찾게 만드는 프로젝트를 만들어 공유하게 되면, 온라인 커뮤니티 안에서 다양한 의견들이 제시되고 이에 따라 여러 가지 방향으로 발전되어 나아간다.

"다른 사람이 공유한 프로젝트로부터 배경이나 스프라이트, 스크립트를 자신의 개인 저장소로 옮겨 담아 자신의 프로젝트에 활용할 수 있다. 또한 다른 사람의 프로젝트를 내 프로젝트로 저장하여 변경해 볼 수 있으며, 변경된 프로젝트를 다시 공유하면 최초로 프로젝트를 만든 사람의 프로젝트와 연결된다."[26] 이러한 발전 가능성으로 인해 스크래치가 개발된 후 첫 10년 동안 약 2천 만 개 이상의 프로젝트들이 온라인 커뮤니티에서 공유되었다고 한다. 실제로 스크

토론방 » 한국어

« previous 1 2 3 4 ... 72 73 74 75 next »

한국어

Topic	Replies	읽은 수	Last Post
Sticky: -홍보 방- by schikk	650	20082	어제 12:49:55 by youyotuipio
Sticky: Help Create the Scratch Korean Wiki! by makethebrainhappy	14	911	1 11, 2019 09:00:53 by yellow0607
Sticky: -※6처음 토론방에 오셨다면 이것을 꼭 보세요!§※- by gerard2001	224	10307	12월 16, 2018 01:43:47 by VNAROD07
Sticky: [부탁드립니다]중복되는 글에 대해서 by overking	36	1873	6 24, 2017 02:50:25 by jjmomo1213
Sticky: -질문 방- by sksmsskdi	645	17091	6 17, 2017 01:51:15 by yjun5107
Sticky: 한국어 토론방을 되도록 이렇게 이용해 주세요 by overking	12	2058	6 24, 2016 06:57:55 by overking
Sticky: Korean only forum by Paddle2See	0	2789	1 27, 2013 20:17:28 by Paddle2See
Tablet PC by Hangwa	3	21	어제 15:22:47 by Hangwa
이건아주위험한?스튜디오 토론방 by zxc12345678901	8	48	어제 13:01:36 by zxc12345678901
지식in by kandv	1	15	어제 11:43:54 by kandv
누구 멘트리 하시는 분 by jasonson0318	12	199	1 12, 2019 11:42:41 by albert-park
스크래치 핸드폰 by pvpkinge	0	43	1 12, 2019 07:47:18 by pvpkinge
온라인 게임 by didgkstp	7	464	1 11, 2019 11:57:26 by gamkun
스크래치 3.0 by pvpkinge	8	141	1 11, 2019 09:05:15 by pvpkinge
프로젝트 아이디어들(자유롭게 사용하세요!!!!) by seol7523	2	72	1 10, 2019 12:15:08 by seol7523
질문방 by jjh4450	2	32	1 10, 2019 07:37:48 by yellow0607
끝말잇기 by gusdndi1220	4714	73560	1 8, 2019 10:43:12 by sypu
x키를 눌러 조의를 표하십시오 by PGcodingboy	6	98	1 6, 2019 05:37:03 by yellow0607
스크래치 3.0 계획대로 19년 1월 2일에 나올까요? by usyoum	4	169	1 6, 2019 00:26:29 by woodh10
스크래치 3.0이 나왔습니다. by whengreenflagclicked	4	82	1 6, 2019 00:19:34 by woodh10
이게 프로그래밍언어l!!!! by haramey	3	82	1 5, 2019 04:35:48 by msj777
(고급강좌) 스크래치 2.0 프로젝트 (.sb2)파일을 스마트폰 애플리케이션 (.app) 파일로 변환하는 방법. by 12345678911a	31	5085	1 5, 2019 00:39:46 by ditsaen06
Scratch 3.0에 대한 내 기분은? (꼭 읽어주세요!) by hahhahar	0	24	1 3, 2019 12:34:13 by hahhahar

〈스크래치 온라인 커뮤니티 (한국어)〉

출처: 〈Discuss Scratch〉, 《Scratch》
https://scratch.mit.edu/discuss/23/

래치 커뮤니티에 가 보면 사람들이 서로 협력하는 방법을 끊임없이 개발하고 탐구하는데, 이는 전통적인 학교 교실에서는 불가능한 협업 방법이라 할 수 있다.

소프트웨어 교육의 핵심 목표는 창의적 사고력

이렇게 자신이 좋아하는 활동을 코딩과 접목시켜 보고, 같이 할 친구를 온라인 커뮤니티상에서 만나고 자신의 프로젝트를 공유하는 과정을 통해 학생들은 비단 프로그래밍 기술을 뛰어넘는 다양한 사고 능력을 키우게 된다.

프로그래밍은 건물을 짓는 과정에 비유할 수 있는데, "튼튼하고 안전한 건물을 짓기 위해서는 잘 설계된 설계도가 필요하듯 프로그래밍 과정에서 생기는 문제를 해결하기 위해서는 알고리즘 학습이 필수적으로 필요하다. 따라서 프로그래밍 교육은 알고리즘 학습을 하며 문제 해결에 대한 전략을 습득하는 방식으로 이루어지는 것이 더욱 효과적이며" 이런 과정을 통해 문제 해결 능력 및 논리적, 체계적 사고 능력이 배양된다.[27] 그뿐만 아니라 이러한 과정에서 자신이 원하는 제품이나 아이디어를 만드는 창의적 사고 능력까지 얻게 된다.

창의적 사고력은 프로그래머들뿐만 아니라 변호사, 매니저, 기자 등 다양한 직군에서 필요한 능력이며, 4차 산업혁명 시대를 살고 있는 우리 아이들에게 특히 중요해진 능력이라고 할 수 있다. 따라서 단순히 프로그래밍 언어를 배우는 것이 중요한 것이 아니라 프로그래밍 언어를 배우는 '과정'에서 어떻게 아이들의 논리적 사고, 창의적 사고 및 협업 능력을 신장시켜 줄 수 있는지에 대한 고찰이 필요하다.

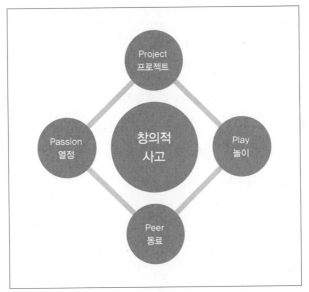

<창의적 사고를 위한 4P 모델>

미첼 레스닉 교수와 MIT 미디어랩은 스크래치를 통해 아이들을 창의적 두뇌로 성장시키기 위한 4가지 교육 지침인 '창의적 학습의 4P'를 개발했다.[28] 창의적 사고를 중심으로 한 4P는 프로젝트 (Project), 열정(Passion), 동료(Peer), 놀이(Play)로 스크래치를 통해 길러지는 역량을 말한다. 프로젝트(Project)를 만드는 것은 스크래치 커뮤니티의 중심 활동으로 책임감과 성실성을 요구한다. 프로젝트를 중심에 두고 사람들로 하여금 열정(Passion)을 가지고 게임, 스토리, 애니메이션을 망라한 여러 유형의 활동에 참여하게 하여 다양한 관심을 불러일으킨다. 또한 스크래치에 놀이(Play)의 요소를 가미하여 참

여자가 재미있게 실험할 수 있도록 지원하며 위험을 감수하고 새로운 것을 시도해 보도록 장려함으로써 창의성이 발현될 수 있도록 도와준다. 마지막으로 스크래치는 사람들이 동료(peer)들과 협력하고 공유하면서, 서로 함께 더 쌓아가는 사회적 과정으로의 창의성에 주목한다. 이처럼 스크래치는 프로그래밍을 온라인 커뮤니티와 통합함으로써 자연스럽게 사회적 상호작용을 할 수 있도록 설계되었다.

소프트웨어 교육은 교사와 학생의 상호작용에 초점을 맞춘 '자율적인 교육학(open-ended pedagogy)'의 정신이 학교 현장에 자연스럽게 자리 잡을 수 있는 계기가 될 것이다. 자율적 교육학은 학습자가 "빠르게 변화하는 글로벌 경제가 선사하는 생산성에 대한 도전에 첨단 솔루션에 유연하게 대처"할 수 있는 역량을 키울 것을 요구한다.[29] 이를 위해 교사는 학생이 열정을 가지고 활동에 집중하고 배울 수 있는 환경을 조성해 주고, 학생은 자신의 감정과 생각이 솔직하게 이끄는 대로 '개인에게 맞춘(personalized)' 프로젝트에 몰두할 수 있게 된다.[30]

컴퓨터 기술의 진보는 놀이, 게임 그리고 다양한 정서 및 감정을 포괄하는 새로운 형태의 학습을 학습자에게 선사함으로써, 학습을 단선적이고 일방향적인 과정에서 양방향 소통 및 반응이 넘치는 재미있는(fun) 과정으로 바꿀 수 있는 가능성을 열었다고 할 수 있다. 사물 인터넷 기술 및 스마트 디바이스와 결합한 소프트웨어 교육은 학습자의 기호와 흥미 그리고 열정을 충분히 발현하며 추구할 수

있도록 하며 교사 대 학생, 학생 대 학생, 학생 대 컴퓨터 디바이스
까지 포괄하는 상호작용의 세계로 인도해 줄 것이다.[31]

우리나라 소프트웨어 교육이 나아가야 할 방향

우리나라에서 기존의 컴퓨터 및 정보 교육은 한계 상황에 도달한
듯 보인다. 학교교육은 입시 위주의 경쟁 교육에 교육의 가치라는
자리를 내어 주고 있고, 이는 정보 교과 채택율에서도 드러난다. 소
프트웨어 붐이 한국 사회를 지배하던 2000년에 85%에 육박했던
선택율은 2006년에는 45%, 2012년에는 8%로 떨어질 정도로 정
규 교과 내의 컴퓨터 교육은 디지털 시대의 추세에 역행하며 인기
가 떨어지고 있다. 2014년부터 고등학교 정보 과목은 일반 선택에
서 심화 선택 과목으로 밀려났고, 2015년부터는 수능 직업 탐구 영
역에서도 삭제되는 등 수능 필수 관련 과목에도 제외되었다.
　우리나라 소프트웨어 교육을 강화시키기 위해서는 제도적인 개
선뿐만 아니라 입시 경쟁에 매몰되어 있는 사회적·문화적 교육 풍
토의 체질 개선도 수반되어야 한다. 소프트웨어 교육은 국가나 교
육제도에 중요한 문제로, 4차 산업혁명 시대를 사는 우리 아이들에
게 가장 기본적으로 필요한 역량을 키워 주는 교육이기 때문이다.[32]
또한 소프트웨어 교육을 위한 이상적인 사회적·문화적 바탕이 되는
협업의 문화를 만들어 가야 한다.

한때 우리나라 학부모들 사이에서도 열풍이 불었던 유태인의 전통 대화식 학습법인 하브루타(Havruta) 학습법에서 하브루타라는 단어가 의미하는 바는 '동료' 혹은 '우정'이다. 그만큼 유태인들은 동료들과의 상호작용을 통해서 생각 및 아이디어를 발전시켜 나가는 것을 중요시 여겼고, 이는 그들의 교육철학에도 오롯이 담겨 있다.

이스라엘 교육부는 1994년부터 소프트웨어 과목을 정규 과목에 포함했고, 중학생을 위한 컴퓨터 과학(Computer Science) 교육 혁신 과정을 개발해 모든 이스라엘의 중학생은 컴퓨터 과학 과정 4개를 이수하도록 했다. 이런 정규 교과목보다 더 중요한 것은 중학교 3년 동안 배운 내용을 바탕으로 동료들과 함께 산출물을 만들어 내는 '프로그래밍 프로젝트'이다.

이 프로젝트를 통해 이스라엘 학생들은 프로그래밍 언어를 배우고 익히는 것보다 협업의 과정을 통해 동료들과 소통하고 아이디어를 발전시켜 나가는 방법을 배우는 것이 더 소중하다는 것을 느끼게 된다. 이것이야 말로 이스라엘 소프트웨어 교육 안에 녹아 있는 하브루타 학습법이다.

스크래치 프로그램을 개발한 미첼 레스닉 교수를 비롯해서 많은 컴퓨터 프로그래머 혹은 과학자들은 실험실에 처박혀 혼자 컴퓨터를 두드리는 것을 즐기는 사람(loner)이 아니다. 이들에게 컴퓨터와 프로그래밍 언어는 마치 영어와 같은 도구일 뿐이다. 기술적 도구가 가치(value) 있는 상품 혹은 서비스로 태어나기 위해서는 여러 사람의 손을 거치고 생각을 덧입는 과정이 필요하다. 우리가 아는 가장 대표적인 테크놀로지인 구글 검색 엔진이나 위키피디아와 같은 온라인 플랫폼들도 모두 이런 과정을 통해 태어났다. 그리고 우리는 이를 집단 지성 시스템(collective knowledge system)이라고도 부른다.

인공지능의 모체가 되는 인지과학의 선구자 중 하나인 허버트 사이먼(Herbert Simon) 박사는 1965년에 이렇게 예언했다:

"기계는 20년 내에 인간이 할 수 있는 모든 일을 할 수 있게 될 것이다."

인간 지성의 탄력성과 회복성 덕분에 반세기가 지난 현재까지도 허버트 사이먼 박사의 예언이 이루어지지는 않았지만, 두뇌 스포츠라고 불리는 체스와 바둑 경기를 비롯하여 다양한 분야에서 인간을 능가하는 인공지능이 속속들이 등장하는 것을 보면 사람들이 다가올 미래를 두려워하는 것도 이상한 일은 아니다. 하지만 인간의 협업을 근간으로 하는 집단 지성이야 말로 미래에 대한 두려움을 극복할 수 있는 가장 큰 무기이다. 다시 말하면 무궁무진한 가능성을 지닌 집단지성은 빠르게 진화하는 인공지능보다 더 강력하게 작용할 것이다.

이런 의미에서 우리나라 소프트웨어 교육이 나아가야 할 방향은 바로 컴퓨터와 소프트웨어 프로그램의 도구적 가치를 활용하여 학생들로 하여금 협업할 수 있는 환경을 만들어 주는 데 있지 않나 싶다. 하지만 협업에 있어서 가장 중요한 기본은 개인의 기호, 흥미,

열정을 포함하는 '차이'를 인정하고 개인적인 창조성을 먼저 발현시켜 주는 데 있다고 본다.

하버드의 심리학자 하워드 가드너(Howard Gardner)가 《열정과 기질 (Creating Minds)》(1993)에서 주장한 바처럼 창조성의 근원은 바로 내면적인 동기부여(intrinsic motivation)인데 이 내면적인 동기부여를 가능케 하는 것이 바로 자신이 가지고 있는 독특성과 차이를 인정하는 것으로부터 시작하기 때문이다. 먼저 스스로 그 차이를 인식한 개인들이 다양한 온라인 및 오프라인 플랫폼에 모여 상이한 의견과 아이디어를 교환하고 마음 맞는 사람들과 '자유롭게' 협업할 수 있도록 여유와 시간 그리고 자원까지도 마련해 주어야 한다. 이러한 사회, 문화적인 인프라가 구축이 된 후에야 비로소 협업 기반의 소프트웨어 교육이 이루어질 수 있을 것이다.

3장

디지털 네이티브 세대를 위한
수학 교육

수학의 즐거움

인류 역사에서 큰 업적을 세운 수학자들 중에는 천재성을 타고난 사람들이 많다. 하지만 천재와는 거리가 먼 사람 중에서 위대한 수학자, 과학자의 반열에 오른 인물들도 분명히 존재한다. 아시아인 중에서 두 번째로 필즈상*을 수상한 일본 히로나카 헤이스케(ひろなかへいすけ | 広中平祐) 교수가 그런 사람들 중 한 명이다. 히로나카 헤이스케 교수는 어떤 사람일까? 그의 책 《학문의 즐거움》에는 헤이스케 교수를 다음과 같이 소개한다.

> "벽촌 장사꾼의 열다섯 남매의 일곱 번째 아들, 유년학교 입시에서 보기 좋게 물먹고, 한때는 피아니스트를 꿈꾸었던 곡절 많던 소년. 대학 입시 일주일 전까지 밭에서 거름통을 들고, 대학 3학년이 돼 서야 수학의 길을 택한 늦깎이 수학자. 끈기 하나를

---

*   필즈상의 수상 연령은 40살까지이다.

유일한 밑천으로, 미국 하버드로 건너가 박사를 따내고 수학의 노벨상이라는 필즈상까지 받은 사람. 골치 아픈 수학에서 깨달음을 얻은, 즐겁게 공부하다 인생에도 도통한 평범하고 희한한 수학자."

헤이스케 교수는 사람들이 생각하는 천재 혹은 영재와는 거리가 먼 유년 시절을 보냈다. 중학교 입시에 낙방했을 정도였다. 수학 공부도 대학교 3학년에 본격적으로 시작했고, 보통 20대 초반의 젊은 천재 수학자들이 받는 필즈상도 38살에 수상한 대기만성형이라고 할 수 있다.

게다가 이는 서른 살이 넘어 2년간의 인생 프로젝트라고 생각하며 집중한 연구를 독일의 20대 천재가 먼저 풀어 버려 심하게 좌절했던 경험을 딛고 일구어 낸 성과였다. 2년이나 고생한 일이 물거품이 된다면 대부분의 사람들은 포기해 버렸겠지만, 헤이스케 교수는 오히려 '나는 바보니까 괜찮다!'며 훌훌 털고 일어나 다시 새로운 연구를 시작했다. 그가 이런 선택을 할 수 있었던 건 수학에 대한 신념에서 비롯되었다.

"나는 수학을 연구하는 데 있어서 '끈기'를 신조로 삼고 있다. 문제를 해결하기까지는 남보다 더 시간이 걸리지만 끝까지 관찰하는 끈기는 뒤지지 않는다고 생각한다. 다른 사람이 한 시간에 해치우는 것을 두 시간이 걸리거나, 또 다른 사람이 1년에 하는 일을 2년이 걸리더라도 결국 하고야 만다. 시간이 얼마나 걸리는가 하는 것보다는 끝까지 해내는 것이 더 중요하다는 게 나의 신조이다."[1]

남과 비교하지 않고 자기의 속도를 유지해 가며 끝까지 주어진 문제를 풀어내려고 하는 능력, 이러한 끈기는 그의 인생에 대한 철학과도 깊게 연결되어 있다. 헤이스케 교수는 인생에서 가장 중요한 가치를 '창조하는 기쁨'이라 말하며, 이를 "자기 속에 잠자고 있던, 전혀 생각하지 못했던 재능이나 자질을 찾아내는 기쁨, 즉 새로운 나를 발견하고 더 나아가서는 나 자신을 보다 깊이 이해하는 기쁨"이라고 정의했다.[2]

헤이스케 교수가 '학문의 즐거움'을 찾고 끈기 있게 문제 해결에 매진할 수 있었던 이유도 바로 그가 수학이라는 학문을 매개체로 삼아 자신에 대해 발견하는 법을 찾았기 때문일 것이다.

생각하는 힘을 기르는 도구, 수학

수학은 빠르게 정답을 찾는 도구적 학문이 아니라 문제를 해결하기 위한 생각하는 힘을 기르는 학문이다. 수학이란 뜻의 영어 단어, mathematics의 어원은 그리스어 마테마타(mathemata) 또는 마테마(mathema)로 이들 단어는 모두 '배운다'라는 의미를 함축한다. 즉 자연과 우주의 질서를 학습하는 모든 행위를 마테마라고 포괄적으로 표현한 것으로, '수'나 '연산'이라는 의미는 전혀 들어 있지 않다. 이렇듯 배우고 생각하는 과정 자체를 즐겁게 여길 수 있는 '호기심의 힘'이야 말로 수학을 공부하는 가장 근본적인 목표이다.

하지만 수학의 즐거움은 우리에게는 너무도 먼 이야기로 들린다. 우리나라에서 수학은 숫자와 기호, 공식, 계산 등으로 가득 찬 재미없는 과목일 뿐 아니라 학년이 올라갈수록 복잡해지는 수식과 기호들 때문에 자신감을 잃게 되고 결국에는 포기할 수밖에 없는 과목이다. 이에 '수포자(수학 포기자)'라는 말까지 등장했다.

2015년 시민단체 〈사교육걱정없는세상〉은 설문 조사 결과 초등학교 6학년은 36.5%, 중학교 3학년은 46.2%, 고등학교 3학년은 59.7%가 수포자라고 밝혔다. 상급 학교에 올라갈수록 학생들이 수학을 포기하는 비율이 높아졌다. 교육부 자료에서도 2018년도 기준 수학 과목에 대한 보통 학력 미달 학생 비율은 중학교 3학년 학생은 37.7%이었고, 고등학교 2학년 학생들도 29.6%에 달하는 것으로 드러났다.[3]

그뿐만이 아니다. 모순적이게도 2012년 기준으로 보면 우리나라 수학 과목은 OECD 국가 중 가장 성적이 높지만 흥미도는 28위로 평균값에도 미치지 못한다는 결과가 나왔다.[4] 수포자는 물론 수학 성적이 좋은 학생들까지도 수학은 즐겁지 않은 과목이라는 것이다. 이와 같은 결과는 수학이 '생각하는 방법'을 배우는 과목이 아닌 공식을 암기하여 빠르게 '정답을 찾는 방법'을 배우는 과목으로 왜곡

　　　　　　　　　　Re·스타트, 다시 시작하는 교육

되었기 때문이라 할 수 있다.

수학이 즐겁지 않은 근본적인 이유는 수학 자체가 지겨운 학문이기 때문이 아니라 수학을 배우는 대상에 대한 이해 부족으로 수학을 교육하는 방식이 잘못되었기 때문일지도 모른다.

디지털 네이티브 세대를 위한 교육

1985년 이후 태어난 아이들은 어렸을 때부터 다양한 인터넷, 네트워크, 모바일 환경에 노출되어 자라 온 컴퓨터 및 모바일 기술에 익숙한 디지털 네이티브(Digital Native) 세대라고 할 수 있다. 세계적인 미래 전략가 존 벡(John Beck)은 이들을 베이비 붐 세대 이후 가장 거대하고 강력한 세대로서 기존의 세대가 이해하기 어려운 '새로운 인류'라고 지칭하기도 했다.[5]

기성세대는 획일화된 교육의 틀 안에서 주입식 교육을 받았지만, 지금의 청소년들은 디지털 환경 속에서 기성세대와는 비교할 수 없을 만큼 다양한 정보를 접하고 있다. 이들은 나날이 발전되는 기술 혁신을 통해 다른 이들과 소통하며 가치관을 형성하고 일상생활을 통해서 국제적인 사고방식을 습득하고 있다. 이런 환경 속에 자라난 청소년들을 제대로 이해하기 위해서는 기존 기성세대의 시각으로 청소년을 바라보기보다는 청소년 세대의 특징과 다양성을 존중하는 노력이 필요하다.

이렇게 급격하게 변화하고 있는 기술 환경에서 우리 아이들은 과거와 같이 한 우물만 파는 전통적인 방식으로는 성공하기 어렵다. 한 분야만 집중적으로 공부하여 전문 영역만 아는 닫힌 인재가 아니라 융합형 인재, 통섭형 인재, 하이브리드형 인재로 자랄 수 있도록 창의력을 키우는 교육이 어느 시대보다 중요하게 될 것이다. 수학 교육 역시 이에 맞추어 발전해 나가고 있다. 가장 대표적인 것이 수학, 과학, 기술, 공학을 합쳐 융합 인재 교육을 목표로 하는 STEM(Science, Technology, Engineering, Math) 교육이라 할 수 있다.

1990년대 미국과학재단(National Science Foundation)에서 처음 시작된 STEM 교육 모델은 "초, 중등학교 단계부터 현대 과학기술 사회의 다양한 분야의 융합 지식을 습득하게 하고, 교육과정에서 감성적 체험을 도입함으로써 주어진 문제에 대한 흥미와 이해를 높여 창의적이고 종합적으로 문제를 해결할 수 있는 융합적 소양을 갖춘 인재를 양성하는 교육"이다.[6]

우리나라에서도 한국과학창의재단 등에서 미국의 STEM교육을 모델로 융합인재교육이라는 이름으로 STEAM 교육을 개발 운영하고 있다. 융합인재교육(STEAM)은 과학(Science), 기술(Technology), 공학(Engineering), 예술(Art), 수학(Mathematics)의 머리글자를 따서 새롭게 만든 용어로 미국의 STEM에 Art(A)를 더한 것이다.

STEAM 교육, 즉 융합인재교육은 4차 산업혁명이 요구하고 있는 기본적인 역량인 커뮤니케이션 능력, 협동, 비판적 사고, 창의성 등을 배양하는 데 초점을 맞추었다. 개인 학습뿐만 아니라 팀 기반 학

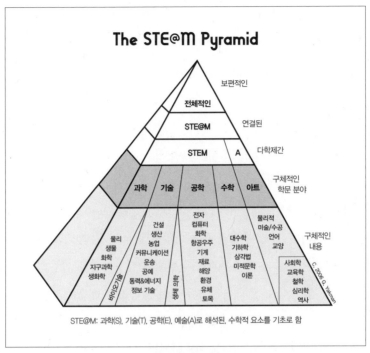

The STE@M Pyramid

					보편적인
전체적인					
STE@M					연결된
STEM				A	다학제간
과학	기술	공학	수학	아트	구체적인 학문 분야

| 물리
생물
화학
지구과학
생화학 | 건설
생산
농업
커뮤니케이션
운송
공예
동력&에너지
정보 기술 | 전자
컴퓨터
화학
항공우주
기계
재료
해양
환경
유체
토목 | 대수학
기하학
삼각법
미적분학
이론 | 물리적
미술/수공
언어
교양 | 구체적인
내용 |
| | | | | 사회학
교육학
철학
심리학
역사 | |

C. 2006 G. Yakman

STE@M: 과학(S), 기술(T), 공학(E), 예술(A)로 해석된, 수학적 요소를 기초로 함

〈STE@M 교육의 원리〉

출처: https://steamedu.com/pyramidhistory/

습 그리고 단체 기반 학습을 통해 협동 능력을 강화 시키고, 학생들이 여러 과목을 연결하고 연관시키는 데 도움이 되도록 하나 이상의 구조적(또는 교육적) 체계를 만들고 있다.

우리나라에서도 아직 도입 단계이긴 하지만 여러 학교에서 STEAM 교육을 시범적으로 추진하고 있다. 경기도의 한 중학교에서는 학생들이 지구과학 과목을 공부하면서 기후변화에 대한 주제를 역사, 경제, 스포츠 등 다양한 관점으로 공부한다. 또한 영화를 관람하면서 영화 속에 나오는 다양한 현상에 대한 과학적 근거를 찾아가기도 하는데, 이러한 '영화 속의 과학 찾기' 교육 등도 STEAM 융합 교육의 일환이라고 할 수 있다.[7]

기술 발전으로 달라진 교육 방법

수학 교육도 가상현실(Virtual Reality), 증강 현실(Augmented Reality), 시뮬레이션 기법 등을 활용해 4차 산업혁명에 맞게 변모하고 있다. 이러한 첨단 기술의 활용은 가상현실에서 현장학습을 가능하게 하고, 다중 감각 기술 및 태블릿 컴퓨터를 활용하여 배움의 방식을 다변화하고 있다. 이렇게 학습의 형태의 시각화를 넘어 다감각적으로 변화시킴으로써 학습 효과를 증대 시키는 역할도 한다.

다감각화된 학습이 효율적인 이유는 "뇌가 3D 이미지를 처리하는 방식이 2D 이미지를 처리하는 방법과 매우 다르며, 다양하고 새로운 감각을 통해 새로운 신경 경로가 개방될 수 있기 때문이다."[8]

우루과이에서는 2007년부터 전국 모든 공립학교 학생들에게 노트북 컴퓨터를 무상 지급하는 교육 실험인 플랜 세이발(Plan Ceibal)을 시작했다. 이 사업을 주도한 세이발 재단(Centro Ceibal)의 미겔 브레너(Miguel Brechner) 원장은 "컴퓨터가 마술과 같은 일을 하지 않을지는 모르지만, 교육 시스템을 향상시키는 데 도움이 될 것이다"라고 강조했다.[9]

실제로 컴퓨터를 통해 수학적 개념을 시각화 및 체험을 가능하게 해 주는 프로그램을 설치하여 방정식의 해를 구하는 과정을 그림을 이용해 시각적으로 이해시키고 기하학적 모양을 소리로 표현해 노래를 만들게 하는 등 '보고 듣는' 수학 교육을 실시하고 있다. 또한 이렇게 새로운 다감각화된 방식의 수학 교육이 아이들의 흥미를 유발할 뿐만 아니라 유지하게 만드는 효과가 있다는 것이 지속적으로 보고되고 있다.

4차 산업혁명 시대에 특징적인 학습의 변화 중 하나는 게임 기반 학습으로, 미국 및 유럽 등 선진국을 필두로 경쟁적으로 시도되고 있다. 이 학습법은 게임 패러다임 변화와 밀접한 관련이 있다. 과거의 기성세대가 주로 했던 갤러그, 테트리스와 같은 게임은 일방적으로 진행되는 단순한 방식으로 이루어졌지만, 지금의 게임은 게임 내에서 각 플레이어들이 경쟁하기도 하고 협력도 하며 즐기는 쌍방형 방식을 취하고 있다. 소위 에듀테인먼트 방식인 게임기반학습을 통해 쌍방향 상호작용을 하는 가운데 필요한 교육을 구현하는 것이다. 게임기반학습은 청소년들이 게임을 하면서 동 세대들과 함께하고 있다는 소속감을 느낌과 동시에 자신의 개성과 창의성을 게임을 통해 구현할 수 있도록 하는 방법이다.

유저에게 특정한 목표도 주지 않고 아주 최소한의 미션만 주며 자유롭게 창의적인 플레이를 할 수 있도록 하는 샌드박스 게임이 최근 인기를 얻고 있다. 샌드박스 게임은 말 그대로 모래 놀이터에서 창의적으로 무엇인가를 만들 수 있는 장을 마련하는 것이다. 그

중에서도 '마인크래프트 교육용 에디션'은 교육에 게임적 요소를 적용해 아이들의 동기부여와 협동, 문제 해결, 비판적 사고, 컴퓨터 활용 능력 등을 고취하도록 설계되어 이미 100여 개 국가의 500여 개 학교에서 사용되고 있다.

미국 뉴욕에 있는 공립 중학교 퀘스트 투런(Q2L: Quest to Learn)은 전 교과과정에서 게임을 도입해 학생들의 교육에 활용하고 있다. 이 학교의 창립자인 케이티 살렌(Katie Salen) 교수는 "게임은 미디어, 시간, 사회적 장소, 네트워크와 같은 물리적인 영역 이상이다. 게임은 위험을 감수할 수 있는 능력, 의미를 만들 수 있는 능력, 비선형적인 탐구, 문제 해결 능력, 규칙화된 구조를 이해하기, 구조 속에 개인의 주체성의 의미 등 다양한 정신적이고 정서적인 영역에서의 훈련과 태도 형성에 효과적이다."라고 설파한다.[10]

퓨 리서치 센터(Pew Research Center)의 2000년대 이후 게임과 아이들의 인지능력의 상관관계를 추적한 연구에 따르면, 1985년 이후에 태어난 아이들(Digital Natives 혹은 App 세대라고도 불리는)의 97%가 게임을 하고 있다고 한다. 이 연구에 따르면 76%의 아이들이 게임을 하는 것이 다른 아이들을 도와주는 것에 도움이 되고, 44%의 아이들이 게임을 통해 사회적 문제에 대해서 배운다고 응답했다. 그뿐만 아니라 43%의 아이들이 게임을 통해 자신의 공동체, 즉 자신이 살고 있는 국가나 도시에 대한 사회적인 책임감에 대해서 배운다고 했다.[11]

퓨 리서치 센터의 조지프 칸(Joseph Kahne) 교수는 이 연구 결과를 통해 디지털 네이티브 세대의 아이들이야 말로 2차 세계대전 이후 태어난 사람들 중에 가장 행복하고, 건강하며, 사회적인 책임감을 가진 사람들이라고 결론을 맺으며 이 세대에 대한 이해가 필요함을 강조했다.[12]

다시 말하면 기성세대들의 입장에서는 게임과 같은 문화는 일종의 B급 문화로 불리는 하위문화였으나, 디지털 네이티브 세대에게는 삶의 방식이나 행동 양식이 되어 버렸다는 것이다. 이제는 게임을 해야 하는가 하지 말아야 하는가 논쟁이 아니라 게임을 통해 새로운 세대가 어떠한 경험을 하느냐에 초점을 맞추어야 한다. 그리고 게임을 4차 산업혁명 시대 학생들의 경쟁력을 높이고 학습 능력을 고취시킬 수 있는 교육 모델로 어떻게 발전시켜 나가야 하는지 등에 대해 종합적으로 생각해 봐야 할 때이다.

4차 산업혁명 시대의 수학

수학은 이론 체계를 만들어 결론을 돌출하고 상상할 수 없는 추상적 사고의 새로운 영역을 열어 새로운 개념을 만드는 "상상의 세계에 대한 과학"이다. 수학은 우리를 논리적이고 상상 가능한 모든 세계로 인도해 주는 창조적 사고의 선생님과 같다.[13] 그럼 4차 산업혁명 시대에 중요해지는 수학 교육의 내용은 무엇이 있을까? 산업화 시대에는 수학이 산업의 종복(servant)이었다면, 4차 산업시대에 수학은 소프트웨어의 발전과 알고리즘의 종복이다.[14] 결국 소프트웨어와 알고리즘과 관련된 수학이 중요해진다.

먼저 중요하게 고려되어야 하는 분야는 수론(number theory)과 수학적 추론이다. 수론은 "수 체계, 수의 성질과 관계, 특수한 수들(삼각수, 제곱수, 완전수, 소수), 가분성(divisibility) 등을 다루는 분야"로, 디지털 기술의 기반이 되는 코딩, 전자 상거래, 암호 및 보안 등과 같은 분야와 밀접한 관련이 있다.[15] 수론과 관련된 단원은 십진법, 소수, 분수의 계산 등으로 흔히 얘기하는 연산뿐 아니라 각종 수의 성질을 다루는 분야를 포괄한다. 또한 수론은 컴퓨터를 통한 계산과 암호화, 보안 등의 분야에서 광범위하게 쓰이고 있기 때문에 그 필요성은 점점 높아질 것이다.

두 번째 분야는 통계이다. 통계 분야는 우리나라의 수학 교과과정 내에서 상대적으로 다른 분야에 비해 적게 포함되어 있는 과목이다. 하지만 최근 각광 받고 있는 빅 데이터를 비롯한 정보사회를 운용하는 많은 부분이 통계적 사고를 기반으로 이루어졌다는 것을 고려할 때 앞으로 수학 과정에서 확률 및 통계에 대한 내용 확충이 이루어져야 할 것이다. 현재 의학, 공학, 국방 등 다양한 분야에서 복잡한 계산, 시뮬레이션, 모델링 등을 위한 빅 데이터 기술이 활발히 사용되고 있으며, 앞으로의 데이터 활용 범위는 공공 영역에서 개방된 데이터뿐만 아니라 학술 데이터 그리고 일상생활에서 모아지는 데이터까지 점점 더 확장될 예정이다.

영국의 유명한 개방형 온라인 대학인 오픈 유니버시티(Open

University)에서는 빅 데이터 학습 방법에 대한 새로운 교육 방식으로 프로젝트 형식을 제안했다. 학생들에게 수행해야 할 과제를 주고, '데이터로 채우기(awash with data)', '데이터를 이동시키기(data move)', '데이터의 성질 파악하기(data properties)' 등의 세 가지 기본 개념 및 방법론을 활용하여 과제를 완성하는 프로젝트가 바로 그것이다.[16] 이와 같은 학습 방법은 학생들이 빅 데이터를 이해하도록 돕는 데 매우 유용하며, 타 분야로의 확장성도 상당할 것으로 보인다.

세 번째는 공간적 사고이다. 여기서 말하는 공간은 "공간적 추론, 시각화 능력, 이미지 사고 등을 포괄하는 개념"으로, 공간적 추론은 "3차원의 대상에 대해 사고하고 제한된 정보로부터 3차원의 대상에 대한 결론을 도출할 수 있는 능력"으로 정의할 수 있다.[17]

세계경제포럼에서는 '시각화(visualization)'를 4차 산업혁명 세상에 필요한 주요 인지적 역량으로 뽑았다.[18] 미래 세대가 살아가야 할 세상은 아날로그 세계 만큼이나 디지털 갤럭시(Digital Galaxy)[19]가 중요하게 될 것이기 때문에 "사물의 이동과 재배열 후의 상황을 상상할 수 있는 능력"인 공간적 추론을 바탕으로 한 시각화 능력은 디지털 네이티브 세대에게 필수적인 능력이 될 것이다.[20] 따라서 학교 정규 과정에서뿐만 아니라 배움의 여러 장소에서 이런 디지털 갤럭시 학습 환경에 능동적으로 대처할 수 있는 공간 추론 능력을 키워 줄 수 있는 방안을 마련해야 한다.

이러한 기본적인 수학적 개념에 대한 이해를 바탕으로 학생들은 수학적 원리, 법칙, 기능 등을 확장해서 학습하도록 해야 한다. 여기서 중요한 것은 정해진 절차에 의해서 답을 찾으려고 하는 문제 풀이식 교육이 아니라 수학적 과정을 스스로 만들어 보고 새로운 지식 혹은 문제를 발견 및 탐구해 보도록 하는 사고 중심적, 과정 중심적 교육이다.

인공지능과 컴퓨터가 정교하게 만든 프로그램이 인간보다 훨씬 빠르게 주어진 문제를 풀 수 있다. 따라서 이러한 시대에 요구되는 것은 "수학이 적용 가능한 곳을 인식하고, 실제적인 문제를 수학적 문제로 번안하며 수학 문제 해결의 결과를 해석하고 평가"하는 등과 같은 추론적 절차에 방점을 둔 수학 교육이다.[21]

핀란드의 현상기반학습

그럼 세계의 교육 선진국들은 4차 산업혁명 시대를 대비해 어떻게 수학 교육을 하고 있을까? 먼저 전 세계적으로 가장 진보적인 교육 과정을 가진 것으로 손꼽히는 핀란드의 사례를 들여다보자.

핀란드의 수학 교육 목표는 "수학적 사고를 계발하고, 수학적 개념과 가장 널리 사용되고 있는 문제 해결 방식을 배울 기회를 제공하는 것"이다. 학생들은 일상생활에서 만나는 문제들을 수학적 사고나 개념으로 환원하고 정보통신기술(ICT)에 접목하여 자연스럽게 익히고 있다.[22] 이를 위해 핀란드는 핵심 과목은 그대로 유지하면서 역사, 화학, 수학, 생물 등 다른 과목들을 융합하여 설계한 현상기반

〈자유롭게 공부하는 핀란드 학생들〉

학습을 실시하고 있다.[23]

현상기반학습은 학생들이 실생활에서 부딪치는 다양한 현상과 문제들을 다양한 과목의 지식과 방법론을 동원하여 해결해 나가는 교육과정을 핵심으로 삼는다. 종래의 학습 모델과 같이 각기 다른 과목의 과목별 지식을 습득하는 데 교육의 목적을 두는 것이 아니라 문제를 해결하기 위해 과목별 지식을 논리적으로 통합하고 활용하는 데 방점을 두고 있다고 할 수 있다.

예를 들어 교사가 현상기반학습 수업 시간에 '유조선이 좌초해 바다에 기름이 유출된 상황인데 그 해결책을 찾아라'라는 과제를 제시한다고 가정해 보자. 학생들은 이 과제를 가지고 한 학기 동안 역사나 문학, 정부 정책 속에서 유사 사례를 찾아보고, 기름 제거 방법과 약품을 화학을 공부하면서 찾아 실험하고 만들어 본다. 또한 가장 효과적인 대처법을 빅 데이터로 분석하면서 수학을 공부하는 등 다양한 과목을 삶과 가깝게 연결된 문제로 인식하면서 문제 해결 방식을 자연스레 배우게 된다.

이와 같은 현상기반학습은 통계적 분석법과 수학적 추론 능력과 같은 수학 지식뿐 아니라 공학, 화학 등 과학 관련된 지식과 역사와 문학, 정부 정책 등 인문학과 사회과학까지 폭넓게 학습할 수 있는 방법이 된다. 결국 현상기반학습을 통해 학생들은 다양한 분야에 대한 이해와 함께 공부의 필요성을 체득하고 <u>스스로 공부할 수 있</u>는 동력을 갖게 된다.

또한 핀란드 교육부는 현상기반학습 외에도 학생들이 학교 수업에서 배양할 수 있는 '포괄적 역량'을 제시하고 있다. 이런 포괄적 역량에는 1) 사고 및 학습 2) 문화 역량, 상호작용, 표현 3) 자기 관리 4) 다중 리터러시(다양한 문화를 이해하고 참여하는 능력) 5) ICT 역량 6) 직무 능력 7) 참여 및 지속 가능한 미래 건설 등 7가지로 나눌 수 있다.[24] 특별히 수학 교육에서는 "관찰을 하는 방법, 정보와 아이디어 찾기, 평가하기, 수정하기, 생산하기, 공유하기" 등을 포괄하는 사고 및 학습 역량과 "다양한 도구를 사용하여 다양한 상황과 맥락에서 다양한 방식으로 정보를 획득, 결합, 수정, 생산, 제시, 평가할 수 있는" 다중 리터러시 역량을 가장 중요한 교육적 목표로 강조하고 있다.[25]

———————— Re-스타트, 다시 시작하는 교육

프로젝트 수업을 활용한 유럽의 수학 교육

프로젝트 수업을 활용한 수학 교육은 핀란드뿐 아니라 교육 강국인 유럽 각국에서 광범위하게 활용되고 있다. 독일에서는 수학적 논쟁을 수학 교과과정의 핵심적 역량으로 삼고 있어 눈길을 끈다.[26] 수학적 논쟁은 수학적 추론의 기본인 주어진 문제 상황을 탐색하는 것으로부터 출발하여, 학생들은 "이런 문제가 어떻게 생겼지?", "이런 상황이 생기기까지 변화한 것은 무엇이지?" 등의 질문을 하면서 구체화된 가설을 세우게 된다. 그리고 자신들의 가설을 뒷받침하기 위한 근거를 만들고 이를 통하여 주장(argument)을 구체화한다.

덴마크에서는 수학 교육에 사회 참여적인 성격을 가미하여 학생들로 하여금 사회 경제적인 문제들을 수학적 사고력 및 추론 능력을 활용하여 비판적으로 고찰하며 토론해 보는 수업을 진행하고 있다.

덴마크의 수학 교사인 헤닝 바키아(Henning Botkier)는 살고 있는 지역의 농장에서 에너지의 투입과 산출이 어떻게 이루어지고 있는지를 탐구해 보는 에너지 프로젝트를 학생들과 진행했다.[27] 이 프로젝트는 기본적으로 에너지의 투입-산출 모델을 공부하기 위해 기획된 것이다. 먼저 학생들은 가까운 농장을 방문해서 경운기, 분무기, 트랙터 등이 소비한 석유의 양을 측정하여 한 해 동안 주어진 면적의 농지를 경작하려면 얼마나 많은 양의 석유가 사용되는지 조사한다. 다음 단계로 농지로부터 산출되는 에너지를 추정하기 위해 농지에서 산출된 보리의 양을 조사하고, 그 보리에 얼마나 많은 에너지가 함유되어 있는지를 통계조사 자료 등을 활용해 측정한다. 이러한 과정을 통해 학생들은 투입과 산출에 대한 개념뿐만 아니라 수학적 산술 계산에 익숙해지고, 지역사회에서의 에너지 사용에 대한 지식, 더 나아가 국가 혹은 세계적인 에너지 문제에 관심을 갖게 된다.

이러한 프로젝트를 활용한 수학 수업은 "다양한 자연적, 사회적, 과학적 현상을 수학적으로 분석, 해석"할 수 있는 능력을 학생들에게 심어 줄 수 있을 뿐만 아니라, "학생의 관심과 필요 등에 의해 역동적, 생성적으로 교육과정을 구성하는 수업 방법을 택하는" 비판적 수학 교육 모델의 좋은 예라고 할 수 있다.[28]

프로그래밍적 사고를 교육과정에 추가한 일본

유럽 국가들이 이렇게 추론 및 사고력 중심의 수학 교육을 추구하고 있는 반면에 아시아의 일본과 싱가포르는 실용적인 측면의 수학 교육을 강조하고 있는 듯 보인다. 일본은 아시아에서 4차 산업혁명이라는 표현을 우리나라와 함께 가장 적극적으로 수용한 나라로 경제, 산업, 과학 기술을 비롯한 사회 전반에서 혁신을 꾀하고 있다.

아베 총리를 의장으로 하는 미래투자회의는 '미래투자전략 2017'을 선포하고 Society 5.0의 실현을 위한 개혁의 청사진을 발표했다.

이 보고서에 의하면 혁신 전략에서 중요한 과제 중 하나가 '교육, 인재력의 근본 강화'이며, 이에 따라 일본 정부는 새로운 산업과 기술의 혁신에 걸맞은 인재 양성을 위한 교육과정의 연계를 추진하고 있다.

일본의 수학 교육과정에서 가장 눈에 띄는 변화는 프로그래밍적 사고와 프로그래밍 교육을 새롭게 추가한 것이다. '프로그래밍적 사고(プログラミング 的思考)'란 "자신이 의도하는 일련의 활동을 실현하기 위해 어떤 움직임의 조합이 필요한지, 어떻게 개선하면 더 의도된 활동에 접근하는지 논리적으로 생각하는 힘의 하나"로 규정된다.[29] 이러한 프로그래밍적 사고를 배양하기 위해 초등학교에서는 산수뿐만 아니라 국어, 사회 등 다양한 과목에서 이를 다루고 있으며, 이를 자연스럽게 프로그래밍 교육과 연결시키고 있다.

메타인지 능력을 키워 주는 싱가포르

아시아의 또 다른 교육 선진국인 싱가포르의 수학 교육과정에서 특이할 만한 점은 수학적 문제 해결에 있어 학생들이 자신들의 사고를 스스로 모니터(monitor)하게 하는 메타인지(metacognition) 능력을 수학 교육의 목표 중 하나로 설정했다는 것이다. 메타인지 능력은 자신의 인지 활동에 대해 인식하고 조절하는 능력으로 자신의 사고 과정을 바라보는 또 하나의 눈이라고 할 수 있다. 즉 내가 무엇을 알

고 무엇을 모르는지, 아는 것으로부터 모르는 부분을 보완하기 위
해 어떠한 계획을 세워야 하는지 그리고 그 계획을 실행하고 평가
하여 다시 새로운 계획을 세우는 과정에 대한 지식이다.

4차 산업혁명 시대에 메타인지 능력이 주목 받는 이유는 메타인
지가 뛰어난 사람은 일의 수행이나 배우는 과정에서 어떤 활동과
능력이 필요한지 알고 효과적인 전략을 선택하여 적절히 사용할 수
있기 때문이다. 특히 메타인지 능력은 4차 산업혁명 시대를 살아갈
우리의 아이들이 복합적이고(Complex), 친숙하지 않으며(Unfamiliar),
규칙적이지 않은(Non-routine) 문제들을 풀어내는 데 꼭 필요한 능력
이다. 메타인지 능력을 통해 학생들은 "지금 주어진 문제가 지금
까지 내가 접해 왔던 문제들과 어떻게 비슷하고 어떻게 다른가?",
"어떠한 전략이 이러한 문제를 푸는 데 효과적이며, 효과적이라면
왜 그럴까?", "이 문제를 다른 방식으로 해결할 수 있을까?" 등의
질문을 자문하며 문제를 더욱 더 심도 있게 이해하고 접근할 수 있
게 된다.[30]

싱가포르는 이러한 메타인지 능력을 수학 교육과정에 적극적으
로 도입하였다. 다음 그림에서 볼 수 있는 것처럼 수학적 문제 해결
을 위한 다섯 가지 틀(framework) 안에는 메타인지 능력이 핵심 요소
로 들어가 있다. 아울러 이를 구성하는 다섯 가지 핵심 요소는 1) 수
론, 기하학, 대수학, 통계, 확률 등의 개념(concept) 2) 수 계산, 공간
적 시각화, 데이터 분석, 수학적 도구 및 추정 등의 기술(skill) 3) 추
론, 소통, 연결, 사고, 탐구, 모델링을 포괄하는 과정(process) 4) 스스

로의 사고 및 학습 과정을 모니터하는 메타인지 능력 5) 신념, 흥미, 자신감, 끈질김 등의 태도(attitude)이다. 그럼 메타인지 능력을 배양시키기 위한 전략은 어떻게 구성되어 있을까? 학생들의 교사들은 메타인지 역량 강화를 위해 다음과 같은 절차를 따르고 있다.[31]

1. 문제 이해하기(understanding the problem)
2. 계획 세우기(devising a plan)
3. 계획 실천하기(carrying out the plan)
4. 계획을 변경해야 할 필요가 생긴다면 새로운 계획 세우기
   (Does the existing plan need modification? or a new plan?)

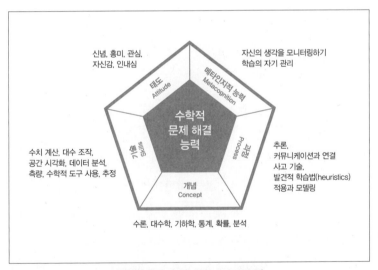

〈수학적 문제 해결을 위한 다섯 가지 틀〉

출처: Ministry of Education Singapore, 《Primary mathematics teaching and learning syllabus》(2012), Singapore: Curriculum Planning and Development Division(2012), p. 14

5. 점검하기: 이 답변이 이해가 되는가? 이 답변이 합리적인가?

   (Does the answer make sense? Is the answer reasonable?)

6. 성찰하기: 사용한 방법을 개선해 보기, 대안적인 답변을 찾아

   보기, 사용한 방법을 다른 문제들에도 적용해 보기

   (improving on the method used, seeking alternative solutions, and expanding

   the method to other problems)

이처럼 싱가포르에서는 교사들이 학생들의 메타인지 능력을 배양시키기 위해 수학 문제 해결 과정에서부터 스스로의 사고 과정을 성찰해 보도록 하고 있으며, 이런 성찰의 과정은 수학적 추론 능력과 사고력 향상을 위한 가장 효과적인 방법이라 할 수 있겠다.

미국의 수학 교육

미국은 각 주 정부 및 지방정부가 독립적으로 교육정책을 수립하고 추진한다. 그래서 수학 교육도 각 주마다 다양하게 이루어진다. 하지만 포괄적인 방향은 연방 정부 차원에서 다양한 토론을 거쳐 제시되는데, 4차 산업혁명에 맞춘 융합 인재 교육을 강조하고 컴퓨터 및 소프트웨어 교육과의 연결 고리를 강화하고 있는 추세다.

미국의 고등학생들에게 빅 데이터를 교육하기 위한 프로젝트 교육의 일환으로 시작된 오션 트랙스(Ocean Tracks) 커리큘럼을 살펴

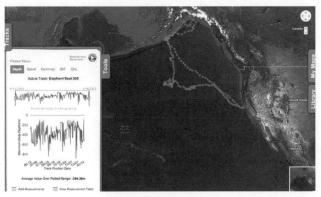

〈오션 트랙스 Tool〉

출처: https://www.edc.org/ocean-tracks-college-edition

보자. 오션 트랙스 교육과정을 통해 학생들은 먼 환태평양 바다까지 가지 않고도 가상현실을 활용하여 그곳에 서식하고 있는 다양한 동물들의 이동 경로를 추적한다.[32] 또한 구글 어스(Google Earth)를 사용하여 코끼리 물범이 이동하는 경로의 대양저의 지형을 추적하고, 이를 원양성 포식자 방류 연구 프로그램(TOPP: Tagging of Pelagic Predators research program)의 데이터를 활용하여 분석한다.[33]

교사는 이 과정에서 "동물은 어디로 가고 있을까?", "물범이 이렇게 이동하게 하는 동기는 무엇일까?", "이곳에서 계속 머무르고 있는 이유는 무엇일까? 짝짓기를 위해? 먹이를 주기 위해? 포식자를 피하기 위해?" 등의 질문을 학생들에게 던지고, 학생들은 이러한 탐구의 과정을 통해 자연스럽게 빅 데이터 활용법을 배운다.

즉 학생들은 이러한 작업 속에서 "다양한 출처의 데이터를 통합하고 정리하고 재구성"하는 능력을 습득할 뿐 아니라 "새롭거나 비일상적인 시각화, 새로운 변수 정의, 새로운 측정 방법의 설계, 분할하기, 필터링 또는 기타 사례 선택" 등의 빅 데이터에 대한 전반적인 이해를 높이고 이에 대한 활용도 학습하게 된다.[34]

프로젝트 수업을 게임 기반 학습과 연결시켜 새로운 학습 모델을 만들어 낸 사례도 있다. 미국 뉴욕에 있는 공립 중학교 퀘스트 투런은 전 교과과정에서 게임을 도입해 학생들을 교육한다.[35] 이 학교는 기존의 공립학교에 적응하지 못한 학생들이 와서 배움에 흥미를 느끼게 된 것으로 화제가 되었다.

학생들은 기하학의 원리를 배울 때 플레이스테이션 3에 있는 리틀 빅 플래닛(Little Big Planet) 게임을 활용해서 공부를 한다. 아바타를 활용해 기하학 법칙을 적용한 건물을 만들며 수학의 원리를 배운다. 실제 생활에 수학의 원리가 활용되는 것을 보면서 공학의 기초 원리를 학습하게 된다. 교육과정에서도 게임의 주요 방식인 챌린지(Challenge)를 활용하는데, 교사들이 매주 학생들이 정복해야 하는 새로운 도전 과제를 만들어 주고 이를 해결하도록 하면서 학생들의 흥미를 유발한다.

이러한 게임 기반 교육은 관념적이고 지식 전달 위주인 현재의 학습 체계의 한계를 극복할 수 있는 가능성을 보여 준다. 게임을 활용하여 학생들로 하여금 실생활에 접목해 볼 수 있는 현장 중심 학습 그리고 직접 눈으로 보고 만들어 볼 수 있는 메이커 교육을 더 활성화할 수 있으며, 이는 4차 산업혁명 시대의 미래 교육의 방향과도

〈퀘스트 투런 학교의 수업 모습〉

출처: https://www.q2l.org/

잇닿아 있다.

STEM 교육의 선두주자인 미국은 프로젝트 수업뿐만 아니라 융합 인재 교육도 활발히 이루어지고 있다. 그중 가장 대표적인 것이 '프로젝트 리드 더 웨이(PLTW: Project Lead the Way)'라는 비영리 기관에서 제공하는 과정이다.[36] PLTW 프로그램의 특징은 STEM으로 대표되는 과학, 기술, 공학, 수학 과목만을 융합하는 것이 아니라 영어와 심리학 같은 문과 과목과도 연계하여 학생들이 자신이 배운 지식과 기술을 다른 사람들과 나누고 소통하면서 발달시킬 수 있다는 것이다. 또한 지식과 실천이 연결된 다양한 교육적 경로(pathway)를 모색하도록 돕기 때문에 PLTW는 공학, 생체 의학, 컴퓨터 공학 등의 관련 진로 탐색에도 도움이 된다.

수학 교육이 나아가야 할 방향

우리나라에서는 수학 공부를 어려워하고 회피하는 학생들이 점점 늘어나고 있는 추세이다. 2017년 한국의 사회지표에 따르면 고등학교 2학년 학생들의 경우 수학 보통 학력 이상자의 비율이 점차 감소하고 있으며, 수학 수업을 따라가는 데 어려움을 느끼는 기초학력 미달 학생들도 증가하고 있다. 수학을 어려워하는 근본적인 이유는 추상적인 내용을 개념화하고, 그 개념들을 조합하여 상호 간에 연관성을 파악하면서 학습자가 스스로 자기가 아는 내용을 확장해야 하기 때문이다.

중학교에서 배우는 다항식을 정리하는 방법인 인수분해를 예로 들자면 인수분해에 대한 이해 없이는 인수분해를 통해 대수를 이용한 등식 조합을 하는 방정식을 이해하고 해결할 수 없다. 그리고 방정식을 알지 못하면 한 변수에 대한 다른 변수의 변화의 기술을 다루는 함수를 이해할 수 없고, 함수를 못하면 복잡한 함수를 다루는 미적분은 당연히 못하게 되는 셈이다.

수학은 개념에 대한 이해를 바탕으로 각각의 주제에 대한 연결 고리를 만들어 가야만 하는 과목이다. 단순하게 되풀이하는 문제 풀이나 시험 위주의 교육은 수학의 본질과 거리가 있다. 또한 과도한 선행 학습을 통해서 기계적으로 훈련된 수학 공부는 해를 거듭할수록 개념에 대한 이해를 저해하기 때문에 수학에 대한 흥미와 의미를 잃어버리고 어려워질 수밖에 없다.

혹자는 인간보다 더 빨리 더 정확하게 계산을 해내는 기계와 기술들이 발전하고 있는데 수학 공부를 할 필요가 있느냐고 반문하기도 한다. 하지만 4차 산업혁명의 대표 분야로 손꼽히는 인공지능, 드론, 빅 데이터, 3D 프린터 등의 첨단 기술 뒤에는 위상수학, 좌표(함수), 평면 및 부피, 경우의 수 등 다양한 수학적 원리들이 숨어 있다. 평창 동계 올림픽 개막식 중 가장 인상 깊었던 드론 쇼를 기억할 것이다. 드론 쇼는 한 치의 오차까지 계산해 군집 비행을 하는 드론 기술과 기하학의 원리가 뒷받침되어 이루어진 것이다.

이처럼 첨단 기술의 등장은 수학적 지식을 단순히 외우고 문제 풀이를 하는 식으로 하는 교육 방식은 도태되게 하고, 수학적 원리의 이해를 통해 무한한 정보, 엄청난 데이터 속에서 그 뜻을 통찰하고 문제의 본질을 보고 해결해 내는 능력을 키우는 교육 방식을 요구한다. 즉 4차 산업혁명 시대는 수학이 필요 없는 시대가 아니라 더욱 중요해진 시기이며, 새 시대의 수학은 빠르게 정답을 찾기 위한 도구적 학문으로서가 아닌 생각하는 힘을 기르고 문제 해결 능력을 배양하는 장이 되어야 한다.

수학을 잘하는 아이들의 비밀

그동안 사람들의 인식 속에는 수학은 머리가 좋아야 잘한다는 생각이 강했다. 그러나 학년이 올라갈수록 수학은 IQ보다 자신감과 같은 동기부여가 학생들의 성적 향상에 가장 큰 영향을 미친다는 연구 결과는 이러한 인식을 바꾸었다. UCLA 대학 코우 무라야마(Kou Murayama) 박사 연구팀이 2013년 《아동발달》 저널을 통해 발표한 연구 결과에 따르면 수학 실력에 가장 많은 영향을 미치는 것은 동기부여나 공부 방식이지 IQ는 아니라는 것이다.[37]

무라야마 박사 연구팀은 독일 바바리아 주에 거주하는 학생 3,520명의 IQ 검사를 실시하고 초등학교 5학년부터 고등학교 1학년까지의 수학 성적을 측정하여 상관관계를 관찰하고, 그들의 생활 및 학습 습관을 살펴보았다. 그 결과 초등학교 5학년 첫 측정 당시에는 IQ가 높을수록 수학 성적이 높은 것으로 나타났지만 고학년이 될수록 IQ와 성적의 상관관계는 약해졌다. 그리고 고등학교 1학년이 되어서는 상관관계에 대한 통계가 거의 의미가 없다는 결과가 나왔다.[38] 이 연구는 초등 수학과 같은 낮은 수준의 수학 과정은 IQ와 상호 영향이 있을 수 있지만, 중·고등학교에서 배우는 고급 수학의 경우 IQ와 상관관계가 성립하지 않을 수 있다는 것을 반증한다.

이와 관련해 스탠퍼드 대학의 캐롤 드웩(Carol Dweck) 교수가 학생들의 학습 성향 및 관점을 분석하여 '성장형 마인드(growth mindset)'를 가진 학생과 '고정형 마인드(fixed mindset)'를 가진 학생으로 분류한 연구도 있다.[39] 캐롤 드웩 교수에 따르면 고정형 마인드를 가진 학생들은 시험 점수에 연연하며 시험 점수를 통해 자신이 얼마나 '똑똑한지'를 부모와 친구 등 주변인에게 보여 주려는 것에 민감하게 반응한다. 하지만 성장형 마인드를 가진 학생은 시험 점수를 위해 공부를 하는 것이 아니라 '배우기' 위해 공부한다.

성장형 마인드의 학생들은 교사가 재미없거나 강의가 딱딱하고 이해하기 어려워도 의욕을 잃지 않고 수학에 대한 호기심을 견지하려고 노력한다. "자신의 공부와 동기부여를 전적으로 자기 책임으로 관리"하면서 "강의 전체를 관통하는 주제와 원리들을 찾고, 실수를 하더라도 자신이 실수한 부분을 완전히 이해할 때까지 반복해서 공부"하면서 성취를 만들어 낸다.[40] 다른 과목도 마찬가지이겠지만 특별히 수학 공부에서는 타고난 것보다 공부에 자신감과 동기부여가 효율적인 공부법일 뿐 아니라 마음의 습관도 필요하다는 것을 드웩 교수의 연구 결과는 증명하고 있다.

이처럼 수학 공부는 무작정 공식만 외우고 반복적으로 문제 풀이를 하는 것이 아니라, 그 내용이 출연한 배경은 무엇인지 왜 중요한지를 깨달으면서 공부하는 것이 중요하다. 이것이야 말로 어려운 수학 내용을 흥미진진하게 만들면서 배움의 즐거움을 유지하는 비결이라 할 수 있겠다. 또한 무조건 문제를 많이 푼다고 수학을 잘하게 되는 것이 아니라 자신이 이해하기 쉬운 개념, 어려운 개념을 구분하면서 약한 부분을 끈기 있게 채워 가는 등 기초적인 개념부터 차근차근 밟아 나아가야 한다.

인공지능이 인간보다 수학적 계산을 더 잘하게 된 시대에도 기초 자료를 모으고 합리적 추론을 걸쳐 결론에 이르는 과정에 수학이 학생들의 창의성과 사고력, 통찰력 등 다양한 능력을 개발하기 위해 여전히 중요하다. 이에 대해 미래학자인 닐 야콥스타인(Neil

Jacobstein)은 다음과 같이 말한다.

"가장 중요한 기술은 올바른 질문을 할 수 있는 능력이라고 생각합니다. 비판적이고 창조적인 사고 능력은 언제라도 쓸모가 있죠 … 또한 통계적으로 생각하고 수학적으로 모델화 하는 능력, 어떤 것이 경제적으로 가능하지 않은지를 아는 것도 중요합니다. 한편 오늘날 불가능하다고 생각되는 것에 대한 돌파구를 찾을 수 있는 창의적이고 낙관적이며 기술적인 지식을 갖추는 것도 중요합니다 … 또한 여러 학문 분야에 기초를 둔 문제 해결 능력을 구축하는 것이 최선입니다."[41]

이렇듯 학생들에게 스스로 문제를 해결해 나가는 힘을 키워 주기 위해서는 이해보다는 암기에 가까운 현재의 문제 풀이 수학 교육 방식에 변화가 있어야 하며, 더 나아가 새로운 문제를 학생들이 직접 만들어 내는 생산적 학습(Productive Learning)으로 지금의 수학 교육 방향을 바꾸어야 한다.

4장

4차 산업혁명 시대에
더 중요해진 예술교육

하이 콘셉트, 하이 터치의 시대

예술은 어떻게 태어났을까? 선사 예술을 연구한 에마뉘엘 아나티 (Emmanuel Anati)에 따르면 예술이 문자가 탄생하기 전까지 문자의 기능을 대신하여 특정한 정보나 생각을 기억하고 전달하는 역할을 했다고 한다. 그래서 선사시대의 원시 민족들이 "종교적인 의식이나 정보 전달, 교육, 혹은 사회화"를 하는 과정에서 예술은 중요한 기능을 했다는 것이다.[1] 그러면 정보의 교류가 문자를 통해 이루어지고 있는 현대사회에는 예술이 더 이상 의미 없는 것이 되었을까? 그렇지 않다. 오히려 예술의 가치는 높아지고 있다.

알랭 드 보통(Alain de Botton)은 예술을 "자기 인식을 누적시켜 타인에게 그 결실을 전달하는 훌륭한 수단"이라고 말했다.[2] 예술은 정보 전달과 같은 문자의 기능만이 아니라 감정과 정서를 전달할 수 있는 유용한 기재라는 것이다. 사회생물학자로 학문 간 통섭(通涉)을 주장한 에드워드 윌슨(Edward Wilson)은 한발 더 나아갔다. 그는 인간의 뇌가 일반적인 정보만을 지식으로 전환할 수 없고, 제한된 정보만으로 문제 해결을 위한 알고리즘을 형성할 수 없기 때문에 알고리즘을 만드는 과정에서 많지도 정교하지도 않은 정보 간의 간극을 메우기 위해 예술을 발전시켰다고 주장했다. 간단히 말하면 "예술은 지성이 야기한 혼돈에 질서를 부과할 필요성 때문에 탄생"했다는 것이다.[3]

4차 산업혁명 시대의 홍수 같은 정보 속에서 어떤 정보가 옳은 정보인지, 어떤 정보를 어떻게 수용해야 할지, 내가 가진 정보를 어떻게 적용해야 할지 등에 대한 혼란에 빠질 때, 유의미한 정보를 조합하고 알고리즘을 만드는 과정에서의 예술적 상상력이 어느 때보다 필요하다고 할 수 있다.

교육 분야뿐 아니라 경영, 산업 분야에서도 광범위하게 인용되는 미래학자인 다니엘 핑크(Daniel Pink)는 4차 산업혁명 시대를 '하이 콘셉트(high concept)'와 '하이 터치(high touch)' 시대라고 명명하면서, 다음과 같이 주장했다:

"하이 콘셉트는 예술적·감성적 아름다움을 창조하는 능력을 말한다. 이는 패턴과 기회를 감지하고 예술적 미와 감정의 아름다움을 창조해 내며, 훌륭한 이야기를 창출해 내고, 언뜻 관계없어 보이는 아이디어를 결합하여 새로운 것을 창조해 내는 능력과 관계가 깊다. 하이 터치란 공감을 이끌어 내는 능력을 말한다. 즉 다른 사람과 공감하고, 미묘한 인간관계를 잘 다루며, 자신과 다른 사람의 즐거움을 잘 유도해 내고, 목적과 의미를 발견해 이를 추구하는 능력과 관련이 있다."[4]

다가올 시대에는 예술적 감각 및 감성 그리고 이를 통해 타인과 소통하고 공감하는 능력이 이전 시대보다 더 중요해질 수밖에 없다. 이러한 패러다임의 변화에 따라 기존의 예술교육도 변화되어야 한다.

세계적인 인문 학자인 유발 하라리(Yuval Harari)는 미래 교육과 관련하여 4차 산업혁명 시대에는 인공지능을 탑재한 로봇이 논리적 사고, 계산 및 단순 반복 노동이 필요한 대부분의 분야에서 인간을 대체할 수 있을 것이기 때문에 정작 우리 아이들에게 개발하고 훈련해야 하는 분야는 로봇이 갖지 않은 감성 지능(emotional intelligence)이라고 주장했다. 또한 감성 지능은 예술적 상상력의 개발을 통해서만 키워질 수 있다고 했다.[5] 즉 예술교육은 감성 지능을 발달시킬 수 있는 가장 필요한 교육이라 할 수 있겠다.

예술가가 연 새로운 세상

지금까지 예술은 직관적이고 창조적인 의미로 사용되어 왔다. "예술은 그 자체로서 수용되어야 한다"라는 의미를 가진 라틴어 문구 "ars gratia artis(Art for art's sake)"는 널리 알려져 있다.[6] 이 문구는 예술은 예술 자체로 존재해야 하며 그 안에는 교훈, 도덕이나 실용적인 개념도 들어가서는 안 된다고 주장하는 예술지상주의를 상징하는 대표적인 말이다. 하지만 예술과 과학 간 상호 교류를 통한 '과학적 예술'이나 '예술적 과학'이라는 혼성화(hybridization)[7]는 이미 현실화되었다.

실제로 미디어 아티스트들은 4차 산업혁명의 핵심 기술들의 모체가 되는 예술 작품들을 창조함으로써, 4차 산업혁명의 문을 열어 놓았다.[8] 예컨대 증강현실(VR) 기술은 마이런 크루거(Myron Krueger)의 초현실주의 작품인 〈Video Place〉(1974)가 모태가 되었고, 제프리 쇼(Jeffrey Shaw)의 〈Legible City〉(1988)는 우리가 많이 쓰고 있는 Wii같은 게임에도 응용되는 인터랙티브 시스템의 원천이 되었다.[9]

독일의 철학자 마르틴 하이데거(Martin Heidegger)는 "예술가가 세

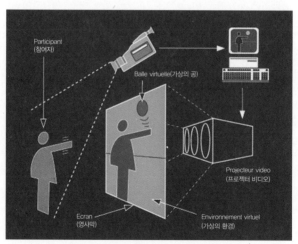

〈마이런 크루거, 비디오 플레이스(Video Place)〉
출처: https://aboutmyronkrueger.weebly.com/videoplace.html

상을 열어서 보여 주면 과학자는 들어와서 열린 세상을 정리할 뿐이라고" 했다.[10] 다시 말하면 예술가들의 상상력을 통해 "표현 가능한 모든 가능성과 잠재력"이 새로운 기술과 함께 예술 작품으로 구현되면, 과학자들은 예술가들의 상상력의 산물을 실현 가능한 현실로 만들어 가면서 기술의 진보가 일어난다는 것이다. 결국 기술 진보의 바탕에는 예술가적 상상력이 있고, 예술가적 상상력은 기술의 가능성 및 잠재력에 사람들이 친밀하게 다가갈 수 있도록 한다.

영국 옥스퍼드 대학교의 칼 프레이(Carl Frey) 교수와 마이클 오스본(Michael A. Osborne) 교수는 4차 산업혁명 시대에 기계가 대체하기 어려운 분야는 대부분 창의적 활동이거나 사회적 지능(social intelligence)이 필요한 분야[11]라고 규정했는데, 이는 "이미 있는 것을 연구하는 능력"이 아니라 "아직 없는 것을 표상하는 능력"인 예술적 상상력이 더 중요해질 것이기 때문이다.[12]

감성 지능이 중요해지는 시대

4차 산업혁명 시대에 중요해지는 예술적 소양 및 역량에는 무엇이 있을까? 다양한 분야가 있을 수 있겠지만 앞에서 언급한 바처럼 감성 능력이야 말로 미래에 갈수록 중요해지는 역량이라고 볼 수 있다. 4차 산업혁명이라는 표현을 처음 사용하여 대중화시킨 장본인인 다보스 포럼의 클라우스 슈밥 회장도 미래 사회에는 감성 지능의 역할이 중요해질 것이라 했다.

감성 지능은 자신과 타인의 감정과 정서의 교류를 통해 얻을 수 있는 정보를 활용하는 능력이다. 기계와 인공지능이 발달함에 따라 '비인간화'의 문제가 심화될 것이라고 진단하기도 하지만, 오히려 자신의 생각과 감정을 타인과 나누고 소통하며 관계를 쌓아 가는 능력이 주목 받고 있다.

예술적 영감은 모든 사람이 공통적으로 가진 인간의 본성이자 분석적으로 설명하지 않아도 사람의 감수성을 직접 자극하는 능력이다. 그래서 영감은 창조성을 낳는다.[13] 앞으로 인공지능과 인간과의 상호 교환이 획기적으로 늘어나고, 디지털(digital), 생물학적(biological), 물리적(physical) 경계가 모호해지고, 공적인 영역에서뿐만 아니라 개인적인 영역에서의 윤리와 정의에 관련된 문제가 더욱 대두될 것이다.[14] 따라서 예술의 영역에서도 단순히 아름다움을 추구하는 미학의 범주를 벗어나서 "어떻게 예술의 문제가 인간의 창의성과 상상력 같은 인간의 삶에 의미 있는 통찰을 던질 수 있을 것인가?"라는 윤리적인 문제도 같이 논의되어야 하며, 이를 통해 "기술 사회의 예술교육은 융합적 교육으로서 기술, 예술, 인문학의 연동 속에서 구현"되어야 할 것이다.[15]

유발 하라리는 감성 지능 과목을 개설해서 학생들에게 "자신과 타인의 감정을 잘 다스려 원하는 결과를 이끌어 내는 능력과 '마음의 균형(Mental Balance)' 즉 평정심, 균형 감각과 연결된, 나이가 들어도 경직되지 않고 유연하게 변화에 적응할 수 있는 정체성"을 가르

처야 한다고 역설한다.[16]

삶의 모든 영역에서 변화가 가속화되는 4차 산업혁명 시대에는 새로운 지식이 생성되는 주기 역시 더 빨라지게 된다. 그 결과 우리가 기존에 습득한 지식은 금세 효용 가치가 없는 것으로 변한다. 이제 기존의 지식을 누가 더 많이 가지고 있는가 하는 경쟁은 불필요하다. 미래 사회에서 새로운 환경에 효과적으로 대처하기 위해 가장 중요한 능력 중 하나로 네트워크 구축을 꼽는데, 이를 위해서 가장 중요한 요소는 다른 사람들의 마음을 읽고 능동적으로 소통할 수 있는 능력, 바로 감성 능력이다. 이러한 능동적 소통 역량을 국내의 미래학자 최윤식과 김건주는 '감성 디자인'이라고 지칭하며 다음과 같이 설명한다:

> "감성 디자인 능력이란 무엇일까? 감성 디자인 능력이란 사람들(고객들)이 (자신 안에 존재하지만) 미처 발견하지 못한 행복의 느낌들을 새롭게 디자인하거나 향상해 전달하는 능력과 이를 지속 가능하도록 경영해 주는 능력을 의미한다. 그중에서도 미래 사회에는 스토리를 활용한 감성 커뮤니케이션 기술이 가장 강력한 효과를 발휘할 것이다. 즉 소리 스토리, 영상 스토리, 음악 스토리, 텍스트 스토리 중 하나를 사용하거나 이 중 몇 개를 혼합해 사용할 것이다… 인간 감성을 개발하고 디자인하고 경영하는 능력인 '감성 디자인 능력'이 새로운 부(성공)의 조건으로 부각될 것이다."[17]

감성과 창의력의 관계

감성과 연관되는 또 다른 중요한 미래 사회의 능력은 창의력이다. 창의력은 무엇을 의미할까? 하버드 대학의 하워드 가드너 교수는 아인슈타인(Einstein), 프로이드(Freud), 피카소(Picasso) 등 우리가 흔히 말하는 천재들의 삶을 연구해 저술한 그의 저서 《열정과 기질》 (1993)에서 창의적인 작품을 "그 분야에 적절하면서도 매우 새로운 것으로(highly novel, yet appropriate for the domain)… 그 분야를 새롭게 정의하는 데(refashioning of the domain)" 일조한 작품이라고 정의했다.[18] 아인슈타인의 상대성 이론(theory of relativity)은 물리학 분야에서 기존의 패러다임을 완전히 뛰어넘어 시공간에 대한 기존의 관념을 바꾸어 놓은 이론이고, 지그문트 프로이드는 인간의 정신세계를 성적 욕구(libido)와 무의식(id, subconsciousness)이라는 개념을 도입해서 정신분석학 이론을 새롭게 재정립했다. 가드너 교수는 창의적인 사람을 특별하고 새로운 방식으로 문제를 풀어내며, 작품을 만들어 내고, 새로운 질문들을 만들어 냄으로써 그 분야의 문화까지도 새롭게 하는 사람들이라고 주장했다.[19]

가드너 교수가 천재들의 삶을 분석하여 창의력이라는 개념에 대해 도출해 낸 반면, 하버드 경영대학 교수인 테레사 애머빌(Teresa M. Amabile)은 사회심리학적 관점에서 보통 사람들이 창의적인 활동 혹은 창의적인 아이디어를 내는 순간에 대한 연구를 통해 창의력을 정의했다. 그녀에 따르면 창의력이 발현되는 순간은 다음과 같은

세 가지 상황적 특징이 있다.[20]

1. 외부의 압력이나 환경이 아닌 자신의 흥미, 즐거움, 만족, 모험 등 내면적 동기로서 활동하고 있을 때
2. 쉽지 않고 다소 어려운 일이지만 개인이 의미 있는 진보를 만들어 내고 있다고 느낄 때
3. 자신의 활동에 대해 가족, 친구와 같은 가까운 사람들로부터 지지 받고 있을 때

하워드 가드너 교수가 큰 틀에서의 창의력을 이야기할 때 테레사 애머빌 교수는 일반 사람들도 경험할 수 있는 작은 창의적인 순간 혹은 경험에 대한 분석을 했다. 그래서 하워드 가드너의 천재들이 발휘한 창의력을 가리켜 큰 창의력(Big Creativity)을 의미하는 대문자 C로 애머빌 교수의 일반인들이 경험하는 창의력을 가리켜 작은 창의력(small creativity)를 의미하는 소문자 c로 표시하기도 한다.

미하이 칙센트미하이(Mihaly Csikszentmihalyi) 박사는 창의적인 순간에 대한 표현을 '몰입(flow)'이라는 단어로 대신했다. 우리는 몰입하는 순간 "어떤 것에 반응하는 것이 아니라 내가 살아 있다는 느낌, 내가 스스로 나의 의지에 따라 집중하고 있다는 느낌"을 받게 될 뿐만 아니라, 해방감과 자유로움마저 얻게 된다고 표현한다.[21] 이런 몰입의 순간에 창의적인 작품이나 발견이 이루어지곤 한다. 그래서 새로움을 만들어 낼 수 있는 상상력이 중요해지는 미래 시대에는

개인의 창의성이 발현될 수 있는 자유로운 환경과 시간적 여유가 주어져야 한다.

예술과 기술의 만남

그동안 인공지능이 발전해도 창조적인 영역만은 인간의 전유물이라고 여겼다. 그러나 최근 예술 영역에서도 인공지능의 활동이 활발해지고 있다. 럿거스 대학(Rutgers University)의 예술인공지능실험실(Art and Artificial Intelligence Lab)에서는 미술 작품을 보고 그것을 그린 예술가 및 작품의 장르 등을 구별할 수 있을 뿐 아니라 미술 작품을 창조해 낼 수 있는 컴퓨터 프로그램을 만들었다. 이 컴퓨터가 그린 작품과 인간의 작품을 같이 전시하고 사람들에게 등급을 매기라고 했을 때, 컴퓨터가 그린 이미지가 더 높은 점수를 받기도 했다.[22]

인공지능 예술가를 연구하고 있는 이 실험실은 "공개적으로 이용할 수 있는 위키아트 데이터베이스에서 미술사에 나오는 1,119명의 시대별 예술가들에 의해 창작된 81,449개의 회화 작품"에 대한 분석을 바탕으로 "바로크, 점묘법, 색상 추상, 로코코, 야수파, 추상표현주의 등 기존 회화 양식을 복제하도록 가르치는 네트워크"인 GAN(Generative Adversarial Network) 시스템을 고안했다.[23] 더 나아가 기존에 알려진 예술 양식에 맞지 않은 작품들도 해석하고 모방하며 창조까지 할 수 있도록 하는 CAN(Creative Adversarial Networks) 시스템

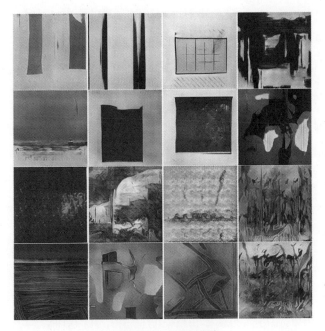

〈인공지능이 그린 예술 작품〉

출처: https://sites.google.com/site/digihumanlab/home

도 개발해, 인공지능 컴퓨터로 하여금 기존 인간 예술가의 영역을
뛰어넘는 창작물을 생성할 수 있는 길을 만들었다.

이런 연구 결과를 토대로 럿거스 대학의 예술인공지능실험실에
서는 희망하는 대학원생들을 대상으로 컴퓨터 미술사(computational
art history) 워크숍 과목을 개설했다. 인공지능과 예술의 만남과 관련
된 이 워크숍을 통해 학생들은 이 분야의 전문가 교수들에게서 강
의를 듣고, 뉴욕에 있는 메트로폴리탄 미술관에서 직접 작품을 관

람하며 미술사에서 장르의 진화와 관련된 논의를 심화하면서 미래
의 예술 분야에 대한 이해를 확장하도록 하기 위해 기획되었다.

  인공지능은 전문가들의 전문성을 확장하도록 도울 뿐 아니라 일
반인들에게도 미술적 이해를 확장하고 직접 참여할 수 있는 대안들
을 제공하고 있다. 예컨대, 가장 대표적인 기술이 틸트 브러쉬(Tilt
Brush)이다. 틸트 브러쉬는 사용자들이 HMD(Head Mounted Display)
같은 가상현실 장비를 착용하고 3D 공간에서 그림을 그릴 수 있게
해 주는 기술로서, 핸드 컨트롤러를 이용해 공중에 그림을 그릴 수
있을 뿐 아니라 리모컨을 활용해 색과 질감 등을 다양하게 표현할
수 있다.[24] 틸트 브러쉬는 "컴퓨터가 사람의 움직임도 이해하여, 화
면에 표시되는 가상의 물건과 실제 물건처럼 상호작용도 가능"할
뿐만 아니라, 마치 점토로 형태를 만들 듯이 3D 형태로 사물을 자
유자재로 변형할 수 있는 조형적 특성"으로 인해 혁신적인 미술 도
구로서의 기능뿐만 아니라 새로운 조형 언어로서의 역할도 가능하
게 할 것으로 기대된다.[25]

  또한 인공지능은 음악의 영역에서도 활발하게 적용되고 있다. 예
일대의 인공지능 연구팀에서는 딥러닝 기술을 이용해 바흐풍의 음
악을 작곡하는 쿨리타라는 인공지능 프로그램을 만들었고, 구글도
스스로 음악을 작곡할 수 있는 마젠타라는 프로그램을 만들었다.
마젠타는 위에서 언급한 GAN 시스템을 처음으로 음악에도 적용한
케이스로, 오픈 소스로서 누구나 자유롭게 접근해서 음악을 만들고
개발할 수 있도록 했다.[26]

〈틸트 브러쉬 그림 작업〉

출처: YouTube 〈Tilt Brush: Painting from a new perspective〉 https://www.youtube.com/watch?v=TckqNdrdbgk

〈마젠타 스튜디오〉

출처: https://magenta.tensorflow.org/studio-announce

인공지능 작곡가뿐만 아니라 인공지능 피아니스트도 등장했다. 이탈리아 엔지니어 마테오 스즈키(Matteo Suzuki)에 의해 2011년에 만들어진 인공지능 피아니스트 테오(Teo)는 처음 만들어진 당시 29개의 손가락을 가지고 있었으나 현재는 53개의 손가락을 가지고 있다. 클래식, 재즈, 블루스 등 장르를 막론하고 1,000개가 넘는 곡을 연주할 수 있고, 이미 베를린 필하모니와의 협연을 했으며 중국의 유명한 피아니스트 랑랑(郎朗)과 협주를 하기도 했다. 우리나라에도 2016년에 내한하여 이탈리아의 피아니스트 로베르토 프로세다(Roberto Prosseda)와 함께 쇼팽의 에튜드, 모차르트의 터키 행진곡, 라흐마니노프의 왕벌의 비행 등 다양한 곡들을 서로 주고받으며 연주하는 피아노 배틀 공연을 선보였다. 놀라운 사실은 테오가 스트라빈스키, 라흐마니노프, 드뷔시 같은 역사적으로 길이 남을 작곡가 및 피아니스트의 리코딩(recording)을 분석해서 작곡가의 원작과 비

〈인공지능 피아니스트, 테오〉

출처: Lee, J., 〈Robot Pianist vs. Human Pianist〉, 《Orchestra Story》, (5 June, 2018), Retrieved from http://www.orchestrastory.com/en/Robot-pianist-vs-person-pianist/

슷한 스타일로 피아노를 연주할 수 있다는 사실이다![27]

　인공지능 외에도 예술의 영역에서 혁신을 가지고 오고 있는 또 다른 기술은 이미 많이 상용화되고 있는 3D 프린팅이다. 3D 프린팅 기술을 사용하여 기존의 2D 사진을 입체적으로 바꾸어 표현하는 '사진 조각술(Photographic Sculptures)'이 발전하고 있다. 대표적인 작가가 영국의 유명 사진작가인 닉 나이트(Nick Knight)이다. 그는 3D 프린팅을 활용한 조각 작업에서도 사진 작업과 동일하게 인물 모습을 스캔 하고 연구하여 감정을 담으려고 노력한다. 이러한 작업에 대한 인터뷰에서 그는 앞으로 조각상을 구성하는 물질을 기존의 대리석이나 옥과 같은 전통적인 재료 대신 살아 있는 물질(living matter)로 프린트 해 보면 어떨까 하는 다소 기괴한 발상을 제안하기도 했다.[28]

〈3D 프린팅으로 찍은 세계적인 모델 케이트 모스의 조각상〉

출처: https://www.3ders.org/articles/20160214-nick-knight-creates-25-foot-tall-3d-printed-sculpture-of-naomi-campbell-fallen-angel-kate-moss.html

이렇듯 4차 산업혁명 시대의 기술의 진보는 창작의 경계를 무너뜨리면서 예술의 영역을 근본적으로 뒤흔들고 있다. 이러한 시공간을 뛰어넘는 경험, 감각, 인지능력의 확대는 기존에는 상상하지도 못했던 새로운 예술과 기술의 만남으로 우리를 이끌어 갈 것으로 예상된다. 엄청난 기술의 진보에 따라 예술 영역의 패러다임이 바뀌면서 예술교육을 위한 학습 모델도 진화하고 있다. 세계 각국은 4차 산업혁명 시대에 발맞춘 예술교육 학습 모델들을 개발해 운영하고 있다. 대표적인 예술교육이 메이커 교육과 미디어 교육, 뮤지엄 (Museum) 교육*이다.

예술교육 학습 모델 1: 메이커 교육

메이커 교육은 컴퓨터 사고력 및 소프트웨어 교육 발전에 중추적인 역할을 했던 시모어 페퍼트 교수를 주축으로 이루어졌던 메이커 운동(Maker Movement)에서 출발했다. 메이커 운동은 "오픈 소스와 공유 문화의 확산으로 일상에서 누구나 자신의 아이디어를 현실화시키며 변화를 이끌어 내는 혁신가가 될 수 있다는 신념에 근거"하며, "자발적인 네트워크 공동체 안에서 시간과 아이디어의 주고받음에서 생성되는 상호 호혜적인 관계들에서 가치를 창출"하겠다는 철학

---

* 한국에서는 '박물관 교육'이라는 용어를 더 많이 사용하지만 여기에서는 '뮤지엄 교육'이라 명명하도록 하겠다.

을 가지고 있다.[29]

메이커 교육은 영어 단어 maker의 의미에서도 유추해 볼 수 있는 것처럼, 무엇인가를 만드는 사람들을 위한 교육이다. 즉 교사가 전달해 주는 지식을 정적으로 습득하는 사람들을 위한 교육이 아니라 끊임없이 창조하고 공유하며 확산시키는 열정을 가진 사람들을 위한 그리고 그런 사람들을 훈련시키고자 하는 철학에 기반한 교육인 것이다.

미국의 저명한 메이커 교육가인 실비아 마르티네즈(Sylvia Martinez)와 게리 스테이져(Gary Stager)는 메이커 교육의 가치를 다음과 같이 설명한다:

"학교에서는 예술과 과학을 분리하고 이론과 실습을 인위적으로 구분하지만, 우리의 실생활은 다르게 움직인다. 건축가들은 예술가이기도 하고, 공예가들은 아름다움과 전통을 이야기하지만 동시에 수학적 정교함을 그들의 작품에 담아내기도 한다. 비디오 게임 디자이너는 디자인뿐만 아니라 컴퓨터 과학 관련 지식들도 가지고 있어야 하는 것처럼, 공학과 산업 디자인은 떼려야 뗄 수 없는 관계다. … 이 메이커 커뮤니티는 아이들, 취미로 즐기는 사람들, 혹은 전문적 직업으로 삼는 사람들 모두가 새로운 기술로 자신들의 재능을 발산할 수 있도록 도와주고 있다."[30]

메이커 교육은 "배우는 경험 학습의 과정 및 결과물을 중시하는 교육으로서, 학습자들이 직접 무엇인가를 만드는 경험으로 의미 있는 학습 결과물(혹은 생산품 등)을 만들어 낼 때 교육적 효과가 있음을 강조"한다.[31] 이러한 메이커 교육의 구성주의 철학은 '표현하기를 두려워하지 않는 디지털 네이티브'라고 불리는 밀레니얼 세대들의 습성 혹은 성향과 일치한다. 왜냐하면 이들은 유튜브와 같은 영상을 제공하는 웹 사이트에서 공유되는 자료를 학습 및 정보 습득에 적극적으로 활용할 뿐 아니라 스스로 제작자, 곧 영상 크리에이터(creator)가 되어 사이버 공간에서 마음껏 의견을 공유하기 때문이다.

메이커 교육의 특징 중 하나는 메이커 스페이스(Maker Space)라고 불리는 공간이다. 이 공간은 3D 프린터를 비롯하여 만들기를 하는 데 필요한 도구 및 재료를 제공하고, 아이들이 개방된 공간에서 자유롭고 편안하게 만들고 소통할 수 있도록 배려한다.[32] 메이커 스페이스의 가장 대표적인 예는 미국 샌프란시스코에 있는 익스프로라토리움(Exploratorium) 과학관 안에 설치된 '더 팅커링 스튜디오(The Tinkering Studio)'이다.

팅커링(tinkering)이라는 영어 단어의 의미는 '어설프게 손보거나 고치다'라는 뜻으로, 아이들이 비록 실수하거나 어설프더라도 마음껏 손을 이용해 생각하고 행동하고 배울 수 있도록 하는 메이커 교육의 철학이 오롯이 담겨 있다. 이곳을 방문한 아이들은 빛과 그림자(light and shadow), 회로(circuit), 움직임과 메커니즘(motion and mechanism)과 같은 다양한 분야의 체험 프로젝트에 참여할 수 있다.

팅커링 스튜디오와 같은 메이커 스페이스 자체도 중요한 교육적

〈더 팅커링 스튜디오〉

출처: https://www.exploratorium.edu/tinkering/our-work/the-tinkering-studio-itself

〈ZKM, Germany〉

출처: 〈4D Sound System〉, 《3D Spatial Audio》, Retrieved from https://www.sebastiandeway.com/chapter-1

도구이다. 다양한 배경의 사람들이 모여서 만드는 "만들기에 필요한 도구, 재료 및 지식 등이 공유되고 만들기 활동이 자유롭게 전개될 수 있는 자율적이고 개방적인 학습 환경"이야말로 기존의 폐쇄적이고 지식 전달적인 교육적 패러다임을 흔들 수 있다. 따라서 미래 교육에 최적화된 학교 밖 교육 및 평생교육 학습 모델의 대안으로서 메이커 스페이스가 적극적으로 활용될 필요가 있다.

오른쪽 표는 메이커 운동의 선구자인 시모어 페퍼트 교수가 자신의 구성주의 철학에 의거해 만든 새로운 학습 모델에 대한 아이디어를 정리한 것이다.

페퍼트 교수가 제안한 '학습을 위한 8가지 아이디어'는 어떻게 보면 간단하다. 그의 학습에 대한 관점은 학습을 수동적으로 받아들이는 것이 아닌 자발적이고 적극적으로 바라보고 학습자가 스스로 배울 수 있도록 돕는 것이다.

첫 번째 아이디어인 직접 해 보는 경험에 의한 학습과 두 번째 아이디어인 새로운 것을 만드는 과정에서 배우는 학습은 스스로 직접 해 보지 않으면 아무것도 얻을 게 없다는 것이 기본 전제이다.

세 번째부터 여섯 번째 아이디어는 첫 번째와 두 번째 아이디어를 실행하면서 생기는 문제를 해결하는 과정과 연결되어 있다. 학생들은 목표를 세우고 이를 성취하기 위해 노력하는 경험을 통해 학습하는 방법을 배우고 시간 관리를 하면서 스스로 자신의 학습을 관리한다. 이 과정에서 중요한 것은 실패를 하더라도 실패를 부인하거나 좌절하지 않고 실패를 교훈으로 삼아 배우는 것이다. 자발

페퍼트 교수가 제안하는 새로운 학습을 위한 8개의 아이디어들[33]

첫 번째, 경험을 통한 학습. 학생이 원하는 것을 만들기 위해 배웠던 것을 이용하기

두 번째, 만들기 재료로서의 기술. 만드는 과정 속에서 디지털 기술을 활용하기

세 번째, 힘들면서도 재미있는 일. 쉽지 않으면서도 즐겁고 재미있게 학습할 수 있는 방안 찾아보기

네 번째, 학습하는 것을 배우기. 학습이 누군가에게서 가르침을 받는 것이 아니라 스스로 찾아보고 배우는 것이라는 것을 깨우치기

다섯 번째, 시간을 갖기. 중요한 일을 하기 위해서 시간 관리하는 법을 배우기

여섯 번째, 실패의 경험 없이 제대로 이해할 수는 없다는 것 깨닫기. 어떤 것도 단 번에 성공하기는 힘들다는 것을 알고 실패의 경험을 통해 바꾸고 노력해야 할 것을 깨닫기

일곱 번째, 학생들이 하는 것을 어른들이 한번 해 보기. 교사가 혹은 부모가 학습을 위해 어려움을 겪으면서 노력하고 있는 모습을 학생에게 보여주기

여덟 번째, 디지털 세계로 들어가기. 학습을 위한 모든 장에서 컴퓨터를 당장 이용하기!

적인 동기부여를 통해 학습을 하고, 실패를 두려워하지 않고 실패까지도 자신의 경험으로 축적하고 기회로 삼는 것이 페퍼트 교수가 제안하는 학습에 대한 핵심적인 사고이다.

다시 말하면 첫 번째부터 여섯 번째까지의 아이디어를 성취하기 위해서 학생들은 과제를 스스로 해결할 수 있는 역량을 갖게 되고 이런 과정 자체가 '살아 있는 학습'이 된다.

일곱 번째와 여덟 번째 아이디어는 학습자가 아니라 기성세대의 역할에 대한 설명이라고 할 수 있다. 기성세대가 학생들에게 줄 수 있는 최고의 교육은 학생들에게 학습을 강요하거나 요구하는 것이 아니라 기성세대 스스로가 배움을 위해 애쓰고 있음을 몸소 보여주는 것이다. 다음 세대에게 디지털 세상의 도래를 알리고 그 속에서 살아 갈 수 있도록 돕는 것은 필수적인 단계라고 할 수 있다. 결국 새로운 시대의 학습은 세대 간의 소통을 통해서 가능하며 우리 아이들뿐만 아니라 우리 자신도 동일한 학습자의 태도를 가질 때만 살아 있는 교육이 이루어진다고 할 수 있다. 페퍼트 교수의 학습에 대한 새로운 아이디어는 메이커 교육의 목적을 더욱 명확하게 하며 변화하는 시대에 반드시 필요한 교육의 방식이라고 할 수 있다.

메이커 교육의 중요성이 강조될수록 메이커 스페이스의 필요성이 부각되는 것은 자연스러운 일이다. 메이커 스페이스는 주로 박물관이나 미술관에 있는 경우가 많은데, 이와 관련해 박물관 활용 교육인 뮤지엄 교육도 미래 교육을 위한 중요한 학습 모델로서 주목 받고 있다. 이와 관련해서는 나중에 더 자세히 다루도록 하겠다.

아직 시작 단계인 우리나라의 메이커 교육

우리나라도 2015년 5월에 「문화예술교육 지원법」(법률 제14630호)을 개정하는 등 문체부와 교육부는 문화 예술과 관련된 다양한 활동들을 지원하여 학교뿐 아니라 사회에서 문화 예술 및 문화 산업, 문화재 교육을 통한 문화 예술 향유와 창조력을 함양하기 위해 노력 중이다.[34] 「문화예술교육 지원법」에 따라 시도 교육청 및 지자체 등은 '예술강사지원사업'을 추진하여 예술 전문가와 학교 현장의 학생들이 만나는 기회를 제공하고 학생들이 다양한 영역의 예술을 경험하게 하여 학생들의 문화 예술적인 성장을 도모하도록 돕고 있다.

우리나라의 메이커 교육은 2015년부터 자발적으로 해외의 사례를 연구하면서 모인 시민들이 만든 '메이커 교육 실천'이라는 비영리 단체에서 시작되었다고 한다. 이 단체는 2016년부터 학생들을 모집해서 무상으로 메이커 교육을 경험하는 영 메이커 워크숍을 운영하는 등 메이커 교육의 대중화를 위해 힘쓰고 있다.[35]

그 이후 각 지방 교육청에서 메이커 교육의 필요성을 인식하여 메이커 교육을 도입했다. 대표적으로 서울특별시교육청에서는 2017년 11월 1일에 학생들의 창의적 문제 해결력과 자율성, 협력, 공유 능력을 강화하고, 융합적 사고에 기반한 창작 문화를 확산시키기 위한 '서울형 메이커 교육(가칭 미래공방교육) 중장기(18~22년) 발전 계획'을 발표했다. 이 발전 계획은 2018년부터 서울형 메이커 스페이스 거점 센터를 구축(20개)하고 서울형 메이커 스페이스 모델

학교 운영(연간 9개교, 교 당 5천만 원 지원)하여 메이커 교육 기자재 지원(3D 프린터·3D 펜 등) 등 인프라를 준비하고, 찾아가는 메이커 체험 교육 지원(메이크 버스, 메이크 기자재 트럭, 길동무 차량 등)과 서울형 메이커 스페이스 홈페이지 구축(온라인 신청 승인 시스템, 공유 자료실) 등[36]을 통해 메이커 교육의 내실화에 힘쓴다는 것이다. 하지만 아직 시작 단계에 있기 때문에 구체적인 성과를 평가하기는 어렵다.

또한 메이커 교육을 위해 한국의 과학기술정보통신부, 교육부, 문화체육관광부, 산업통상자원부, 특허청, 우정사업본부 등의 정부 기관에서 연합하여 창의성, 상상력, 아이디어를 발굴하는 공간인 '무한상상실'을 전국 21곳에 설치하기도 했다. 아직은 초기 단계이기 때문에 인프라를 구축하는 데 초점이 맞추어져 있지만 적극적으로 메이커 교육을 실행하는 것은 매우 고무적이라고 할 수 있다. 그러나 메이커 교육의 본질과 철학을 이해하고 내용적인 면에서 채워지고 있는가 하는 문제는 여전히 풀어야 할 숙제이다.

예술교육 학습 모델 2: 미디어 교육

유네스코(UNESCO)는 미디어 교육을 출판물과 사진, 영상을 포함한 모든 종류의 미디어 환경에서 살고 있는 모든 사람이 자신이 속한 사회에서 통신 매체에 대한 이해를 확장하고 미디어를 사용해 타인과의 소통하는 기술을 확장하는 것이라고 정의하고 있다. 그래서 미디어 리터러시(Media Literacy)는 현대사회에서 시민으로 살아가는 데 필요한 기본 소양이자 가짜뉴스로 대변되는 미디어의 왜곡과 선동의 위험으로부터 스스로를 지키는 최소한의 능력이라고 할 수 있다.

4차 산업혁명 시대의 도래로 가장 급격하게 변화하고 있는 분야이면서 우리 아이들에게 가장 막강한 영향력을 행사하고 있는 예술 분야는 바로 미디어이다. 이런 중요성에도 불구하고 정규 교육과정에서 미디어 교육이 차지하고 있는 비율은 극히 적다. 2018년도부터 연극이 음악, 미술과 함께 인문계 고등학교의 예술 영역 보통 교과로 지정된 것이 괄목할 만한 변화라 할 수 있겠지만, 연극은 미디어의 아주 작은 일부분을 차지할 뿐이다.

K-pop의 글로벌한 인기 및 유튜브를 비롯한 청소년들의 미디어 노출 빈도에 비해 우리나라에서의 미디어 교육에 대한 관심 및 계획은 사회적인 상황에 비해 너무 빈약한 실정이다. 이에 오랜 시간에 걸쳐 미디어 교육에 관심을 갖고 발전시킨 영국과 프랑스 사례를 살펴보도록 하겠다.

영국의 미디어 교육

미디어 교육이 가장 발달한 선진국 중의 하나가 영국이다. 영국은 1980년대부터 중학교 및 고등학교(GCSE 및 A-level)의 교육 과목 중 하나로 미디어학(Media Studies)을 채택하여 학생들을 가르쳐 왔다.[37] 그 전에는 영상매체학(TV and Film Studies)이라는 이름으로 별개의

과목이 아닌 하나의 주제 혹은 모듈로 가르쳤다.[*] 1990년대 들어서
는 직업교육의 강조와 확산에 따라 프로덕션을 위주로 하는 직업교
육으로서의 미디어 교육(GNVQ, AVCE) 과정이 14-19살 학생들에게
제공되었다.[38] 2000년대 들어서는 인터넷과 소셜 미디어의 도입과
확장에 더불어 학생들이 미디어를 소비하는 입장에서 벗어나 좀 더
능동적으로 미디어 프로덕션에 참여할 수 있도록 장려하는 방향으
로 미디어 교육이 전환되었다.

영국에서는 다양한 비영리 기관들 또한 미디어 리터러시 교육을
위한 미디어 프로그램을 진행하고 있다. 그중 가장 대표적인 프로
그램이 미디어 스마트(Media Smart) 프로그램으로 7살부터 16살까지
의 어린 학생들을 대상으로 한다. 이 프로그램은 기업, 학계, 정부
기관이 협동해서 만든 것인데 현재 영국의 초등학교 가운데 38%가
넘는 기관이 채택하고 있고, 유럽 연합에도 3백만 명이 넘는 어린이
들이 이 프로그램을 접하고 있다.[39]

가장 최근에 미디어 스마트 프로그램에서 심혈을 기울이고 있는
교육과정은 미디어 특히 광고를 통해 왜곡된 몸에 대한 이미지(body
image)를 갖게 되는 현상을 없애기 위해 학생들이 비판적인 시각으
로 광고를 분석할 수 있도록 하는 것이다. 학생들은 먼저 광고의 속

---

[*]   Media Studies를 가르치는 교사들의 대부분이 과거에는 대학에서 영어를 전공한 사람
들이었지만, 근래에 들어서는 미디어 관련 전공이 늘어남에 따라 대학 혹은 대학원에서 Media
Studies 전공한 교사들도 증가하고 있다. 대부분의 교육과 훈련은 석사 이상의 대학원에서 정
식 교사 자격을 부여하지 않은 코스의 형식으로 운영되고 있다.

성과 광고주들이 어떻게 다양한 미디어 플랫폼을 사용하여 생산자들이 팔고자 하는 제품을 홍보하고 제품의 이미지를 만들어 내는지에 대해 배우고, 광고에 등장하는 사람들의 이미지를 투영하여 자신의 몸을 평가하고 다른 사람들과 비교하게 되는 메커니즘에 대한 공부를 하게 된다. 이를 통해 학생들은 미디어에서 묘사되고 표현되고 있는 이미지가 '실제(real)'가 아닌 만들어진 이미지라는 사실을 비판적인 시각으로 보게 되고, 더 나아가 왜곡된 몸에 대한 이미지를 바로잡을 수 있는 콘텐츠를 만들어야겠다는 동기도 얻을 수 있다.[40]

미디어 교육개혁과 관련해 가장 중요한 법령은 영국의 노동당 정부가 2003년에 발의한 커뮤니케이션 법령(Communication Act)이다. 이 법령에서 처음 미디어 리터러시 개념이 새로 도입되었다:

"사실과 픽션을 구별하기, 현실성(realism)의 여러 수준을 식별하기, 미디어 프로덕션과 유통 속의 체계를 이해함으로써 미디어의 질과 조건을 판단하기, 옹호(advocacy)와 취재(reportage)를 구별하기, 상업적인 메시지를 인식하고 평가하기, 뉴스를 운영하는 경제와 표상적인 원리를 인식하고 감별하기, 미디어의 선호를 설명하고 정당화할 수 있는 능력 등이다."[41]

위의 커뮤니케이션 법령으로 알 수 있듯이 미디어 교육에 관련하여 가장 중요한 논쟁 중의 하나는 '미디어 교육이 과연 무엇인가?'이다. 미디어 교육에 대한 정의를 기준으로 해서 학생들을 교육하는 커리큘럼에 어떻게 접목할 수 있는가 하는 문제가 결정된다. 교육과정을 논의하기에 앞서 미디어 교육 자체 개념에 대한 논의는 한국에서도 다루어져야 할 중요한 문제라고 생각한다. 이와 관련하여 영국영화협회(British Film Institute)의 미디어 교육 커리큘럼 성명(Curriculum Statement)은 미디어 교육의 핵심적인 문제를 다루고 있다.

오른쪽의 커리큘럼 성명은 영국 학교에서 20여 년간의 미디어 교육을 실행한 역사적 경험에 근거해서 만들어진 것이다. 결국 이 성명에서는 미디어 학습의 대상 혹은 기술, 전문 지식이 중심이 아닌, 미디어 교육의 개념적인 이해를 돕기 위한 핵심 개념 측면을 다루고 있다. 이미 많은 나라들에서 이 모델을 참고하여 자국의 미디어 교육을 위해 도입하고 있는데, 우리나라에서도 미디어 산업의 발전 및 영향력의 측면에서 볼 때 시급하게 도입되고 공론화되어야 한다고 본다.[42] 이를 통해 우리나라의 상황(context)에서 미디어 리터러시가 어떻게 정의되어야 하는지 이를 통해 미디어 교육이 어떻게 실행되어야 하는지에 대한 구체적인 논의가 필요한 시점이다.

프랑스의 미디어 교육

프랑스의 미디어 교육은 오랜 역사를 가지고 있고, 언론의 발달 과정과 궤를 함께해왔다. 하지만 미디어 교육을 공식적으로 진행하

미디어 교육의 핵심 측면

• **미디어 기관(Media Agencies)**

누가 무엇을 전달하고 있으며 왜 하는가?
텍스트를 생산하는 사람; 프로덕션 과정에서의 역할; 미디어 기관들; 경제와 이데올로기; 의도와 결과

• **미디어 종류(Media Categories)**

어떤 종류의 텍스트인가?
다른 미디어 (텔레비전, 라디오, 영화 등); 형태 (다큐멘터리, 광고 등); 장르 (공상과학, 드라마 등); 다른 방식의 텍스트 분류 방법; 어떻게 분류 방식이 인식과 연결되는가

• **미디어 테크놀로지(Media Technologies)**

어떻게 미디어가 생산되는가?
어떤 종류의 테크놀로지가 누구에게 이용되는가; 어떻게 테크놀로지를 이용하는가; 테크놀로지가 프로덕션 과정과 최종 결과물에 어떤 차이를 만드는가

• **미디어 언어(Media Languages)**

그 미디어가 의미하는 바를 우리는 어떻게 아는가?
미디어가 어떻게 의미를 생산하는가; 규정과 관습; 서술적인 구조

• **미디어 관중(Media Audiences)**

누가 미디어를 소비하고, 그 미디어를 어떻게 이해하는가?
관중들은 어떻게 겨냥 되며, 만들어지고, 호칭되며, 영향을 받는가; 관중들은 어떻게 텍스트를 찾으며, 고르고, 소비하며, 반응하는가

• **미디어 표현(Media Representations)**

미디어는 소재를 어떻게 표현하는가?
미디어 텍스트와 실제적인 장소, 사람들, 이벤트, 아이디어의 관계; 정형화와 그것의 결과

Source: Buckingham, D., 〈Media Education in the UK: Moving beyond protectionism〉, 《Journal of Communication》 (Winter 1998), p. 39

게 된 직접적인 계기는 1982년 서독의 그룬발트에서 유네스코의 후원으로 19개국의 전문가들이 모여 채택한 '미디어 교육과 관련된 그룬발트 선언(Grunwald Declaration on media education)'이다.[43] 그룬발트 선언 이후 프랑스 정부는 교육부 산하에 미디어 교육기관인 클레미(프랑스 국립미디어센터, CLEMI: Centre pour l'éducation aux médias et à l'information)를 설립하면서 미디어 교육을 구체화하기 시작했다.[44]

프랑스 정부는 클레미를 통해 미디어 교사를 양성하고, 학교에서 사용할 미디어 교육 프로그램을 제작하고, 생애 주기별·생활 밀착형 교육과정을 설정하여 왔다. 미디어 교사는 일반 교사와 마찬가지로 준비 교육 2년을 받고 시험을 치른 이후 3년 과정을 추가로 거쳐 양성된다. 이들은 독립된 미디어 교과목만을 가르치는 것이 아니라 일반 교과목의 교사와 함께 수업을 진행하기도 한다.

예를 들어 역사 수업에서 제1차 세계대전에 관한 내용을 학습한다고 하면, 당시의 기사를 모아 토론을 해 보거나 현재적인 의미에서 그 당시 미디어의 문제들을 논의하는 등의 활동을 하는 것이다.[45] 결국 프랑스의 미디어 교육의 핵심은 비판 능력을 키워 주고, 이를 통해 시민 의식을 높여 민주 시민을 양성하는 것에 있다.

다음의 표는 클레미가 설정한 미디어 교육의 핵심 역량이다.[46]

프랑스에서는 1989년부터 '학교에서의 언론과 미디어 주간(la Semaine de la Presse et des Médias dans l'École)'을 정하고 유치원에서부터 고등학교에 이르기까지 다양한 계층의 학생들이 참여하여 미디어 교육을 심화할 수 있도록 했다. 이 행사에는 기자는 물론 편집자, 일

미디어 정보 교육의 주요 요소

정보의 제어
- 필요한 정보의 정의와 구성
- 정보의 위치와 접근
- 정보의 평가
- 정보의 구성
- 정보의 윤리적 사용
- 커뮤니케이션과 정보
- 정보의 처리를 위한 ICT 기술의 사용

미디어 교육
- 민주적 사회에서 미디어의 역할과 기능 이해
- 미디어를 실행하는 환경의 이해
- 미디어 역할을 감안한 미디어 콘텐츠 비판적 평가
- 자기표현과 민주적 참여를 위한 미디어의 사용
- 사용자로서 ICT를 포함한 콘텐츠를 생산하기 위해
  필요한 기술의 평가

러스트레이터, 인포 그래픽 전문가, TV/라디오 진행자, 앵커 등 다양한 미디어 관련 종사자들이 함께 참여하여 강연 및 활동을 통해 학생들이 미디어에 대한 이해를 확장할 수 있도록 돕는다.

2014년부터는 미디어와 정보 교육이 중등 교육과정에서 의무적으로 시행되고 있다. 미디어 교육도 ICT 교육을 통한 뉴미디어 활용 능력을 배양하고 기하급수적으로 늘어난 정보의 홍수 속에서 가짜 뉴스와 같은 허위 조작 정보를 스스로 걸러 내고, 바른 시각을 가지게 하기 위한 비판 능력을 키우는 데 역점을 두고 있다.[47]

프랑스의 사례에서 볼 수 있듯이 미디어 교육의 본질은 뉴스의 홍수 속에서 살아가는 우리가 뉴스가 진정 의미하는 바가 무엇이고, 우리에게 뉴스가 무슨 의미인가라고 비판적인 시각을 가지는 것이라고 할 수 있다. 이러한 비판적 사고는 비단 학교교육을 통해서만이 아니라 학교 밖 가정과 사회에서 이루어지는 건설적인 토론을 통해서도 육성될 수 있다. 따라서 프랑스의 경우처럼 건설적인 미디어 교육의 정착을 위해서는 사회 문화적 토양이 비판적 사고를 수용하고 격려하는 방향으로 바뀌는 것이 제도적 개혁보다 급선무라 할 수 있다.

우리나라 미디어 교육의 현재

미디어 교육의 경우에도 사회단체를 중심으로 이루어져 왔다. 하지만 최근 휴대폰 보급의 저연령화와 1인 미디어의 증가와 같은 사회 변화에 따라 정부도 미디어 교육에 대한 인식을 하기 시작하면서, 교육부는 2019년 7월 29일 '학교 미디어 교육 내실화 지원 계획'을 발표하였다.

이 계획에 따르면 1인 창작자(크리에이터), 웹툰 작가 등 최근 학생들의 관심사와 진로 희망을 반영하여 주제 중심 교수·학습 자료 보급 및 학교 내 제작 체험 공간 조성 등으로 학교의 미디어 교육을 지원하고, 학생의 미디어 교육 기회를 확대하기 위해서 지역 내 미디어 교육 연계망을 강화하며 교원의 역량 강화를 위한 미디어 연수를 실시하겠다는 내용이 포함되어 있다. 그리고 차기 교육과정 개정 시, 고교 학점제와 연계하여 미디어를 선택과목으로 개설하겠다고 발표했다.

학생들의 미디어 활동을 지원하고 교사들의 연수를 통해 역량을 강화한다는 계획은 미디어 교육에 대한 체계적인 지원처럼 보일 수도 있겠다. 하지만 영국과 프랑스의 사례에서 보듯이 미디어 교육의 본질은 비판적인 시각을 키워 민주적인 시민을 양성하는 것에 있다. 그런데 학생들과 교사의 역량을 강화하고 기회를 제공하는 것이 미디어 생태계를 이해하고 혁신시킬 수 있는지, 교육 기회 제공이 학생들과 교사들에게 학습의 동력이 될 수 있는지 하는 문제가 있다. 또한 우리의 교육 환경에서 정규 교과가 아닌 선택과목으로 미디어 교육을 개설했을 때 미디어 리터러시, 곧 미디어에 접근해 미디어 콘텐츠를 비판적으로 이해하고 활용할 수 있는 능력을 길러 줄 수 있는 교육적인 효과를 달성할 수 있을지는 여전히 미지수이다.[48]

예술교육 학습 모델 3: 뮤지엄 교육

뮤지엄과 교육은 불가분의 관계이다. 다중 지능 이론의 창시자인 하버드 대학의 하워드 가드너 교수는 어린이 박물관, 과학 박물관, 탐구 센터 등에서 학생들이 받을 수 있는 현장 체험 교육이 기존의 정형화된 학교 교육의 틀을 넘어설 수 있는 중요한 학습 모델이라고 주장했다:

> "특권층의 아이들뿐 아니라 모든 아이들은 이전 시대와 비교할 수 없을 정도로 자극적인 시대를 살면서 비디오 게임부터 우주 탐험에 이르기까지, 초고속 교통수단에서부터 직접적이고 즉각적인 범세계적 의사소통 수단에 이르기까지 매력적인 미디어와 기술에 매일 노출되고 있다. 많은 경우 이러한 미디어는 놀라운 결과물을 만들어내는 데 활용된다. 교실에서 어린아이들과 동떨어진 교과목에 대해 수업을 하는 것은 아쉽게도 아이들을 동기화시키지 못한다. 반면에 과학관이나 어린이 박물관은 어린아이들의 참여 등을 통해 훌륭한 역할 모델이 되었다. 과학관이나 박물관에 갖추어진 물건들은 여러 직업, 기술, 열망을 표현하는 것으로 학생들을 적절하게 자극하고 동기화시키는 역할을 한다."[49]

뮤지엄 교육은 서양에서는 17세기 르네상스 시대에 세계를 탐험하고 고대 유적과 유물을 현장에서 직접 보게 된 후 인본주의적인 자각을 하면서 시작되었고, 공공 박물관의 등장과 박물관의 교육적 역할이 증대되면서 본격화되었다. 영국의 대영박물관(The British Museum, 1753)의 경우 18세기 개관 당시부터 현재까지 모든 이들의 교육을 위해 무료입장 정책을 펴고 있고, 프랑스의 루브르 박물관(Musee du Louvre, 1793)은 프랑스 대혁명 이후에 시민 계몽과 문화유산 보존 그리고 국가의 이념을 교육하기 위해 사용되었다.[50] 19세기 이후에는 뮤지엄 교육이 국가적 차원에서 적극 장려되면서 더욱 활발하게 이루어졌다.

19세기까지 유럽을 중심으로 교육과 문화유산 보존이라는 목적을 가지고 전성기를 누리던 뮤지엄 교육은 이후 대중 교육이 실시되고 학교가 교육적 기능을 대부분 대체하면서 그 역할이 축소되어 온 것이 사실이다. 이에 대해 일본의 건축가 아라타 이소자키(Arata Isozaki)는 기존의 뮤지엄이 수집과 보존 그리고 전시의 역할을 주로 하는 고정된 건축 공간을 의미했다면 앞으로의 뮤지엄은 "기존 뮤지엄이 지닌 유형의 가치에 관람객의 일상적 경험과 체험, 무형의 가치를 더하여 창조의 장소"로 거듭나야 한다고 주장한다.[51]

4차 산업혁명 시대에 관람객들은 더 이상 박물관에 전시된 작품을 관람만 하는 수동적인 존재가 아니다. 자신이 느끼고 경험한 바를 적극적으로 온라인과 오프라인의 공간을 통해 나누고 전시 및 교육 프로그램 기획에 대한 의견을 개진하고 소통하는 주체로 변화하고 있다.

미국 뉴욕현대미술관에서는 인터넷 강의를 통해 학생들이 데카르트가 제시한 학습의 정의에 대한 공부를 하고 직접 현대미술관을 방문하여 데카르트의 초상화를 관람하면서 강의에서 들은 내용들을 다시 한번 생각해 볼 수 있는 기회를 갖게 한다. 또 빈센트 반 고흐(Vincent van Gogh)의 유명한 작품인 〈별이 빛나는 밤〉에 대한 설명을 인터넷 강의를 통해 듣고 실제로 현대미술관에 전시되어 있는 실제 작품을 관람할 뿐만 아니라 활동 카드를 통해 미술관의 큐레이터와 함께 미술관에 여러 공간과 작품을 대상으로 활동을 하게 한다.

기술의 진보는 미술관 및 박물관의 공간을 가상현실로 옮겨 놓았다. 가장 좋은 예가 바로 구글 아트 프로젝트(Google Art Project)이다. 구글 아트 프로젝트는 전 세계 40개국 이상의 미술관에 전시되거나 소장되어 있는 4만 점 이상의 작품들을 슈퍼 카메라로 촬영하여 104억 기가 픽셀(giga pixel)의 초고화질로 관람할 수 있게 했다. 관람객들은 가상현실을 활용해 마치 실제 장소에 와 있는 것처럼 360도 회전하며 둘러볼 수도 있고, 육안으로는 관찰할 수 없었던 "작품의 재질과 붓 터치는 물론 물감의 미세한 균열까지 생생하게 감상"할 수 있다.[52]

무엇보다도 구글 아트 프로젝트가 훌륭한 교육적 공간이 된 이유는 '구글 플러스'라는 툴을 통해 다양한 언어와 배경 문화의 사람들이 자신들의 의견을 개진하고 소통하게 해 놓았기 때문이다. 이러한 실시간 커뮤니케이션을 촉진시키는 인터랙티브 환경과 온라인 커뮤니티는 그 자체로서 예술적 상상력과 감동을 배가시키는 역할을 하게 된다.

이렇듯 박물관 및 미술관에서 행해지는 교육은 학생들의 예술적 감성 및 상상력을 자극시킬 수 있다. 이는 예술과 기술의 융합 시대인 4차 산업혁명에 알맞은 학습 모델로 우리나라에서도 더 발전시킬 필요가 있다. 특히 학생들의 지식 습득을 주요한 목적으로 하는 교육에서 탈피해서 내용에 대한 '이해'를 목표로 한다면, 박물관 및 미술관에서의 교육이야 말로 학생들의 이해 및 전문성을 배양시켜 주는 교육적 모델이라 하겠다.[53]

인식 전환이 필요한 뮤지엄 교육

뮤지엄 교육과 관련해서 우리나라에서는 1970년까지 문화재 현장에서 문화재 해석을 중심으로 실행하는 교육이 주를 이루었다.[54] 하지만 뮤지엄 교육은 한국 박물관학 개척자인 이난영 관장에 의해 박물관의 보급 교육 활동의 필요성이 제기되고 이에 대한 필요성이 폭넓게 수용되면서 1980년대 관련 법령들이 마련되었다. 이후 뮤지엄 교육은 '넓은 의미의 인간 교육'이나 '대안적 사회교육'으로 인식되었고, 뮤지엄 교육을 도입하려는 국내 박물관과 미술관의 다양한 시도의 근거가 되었다.

1990년대 「박물관 및 미술관 진흥법」이 개정되고, 이를 바탕으로 국립박물관뿐 아니라 다양한 박물관에서 박물관 교육이 활성화되기 시작했다. 1995년에 삼성어린이 박물관이 개관되고 박물관학 전공자들과 유아교육 전문가들이 참여하여 어린이 박물관 체험 교육 프로그램을 운영하면서 인기를 얻었다. 1996년에는 한국 민속촌 박물관이 전통문화 콘텐츠와 전시 연계 교육 프로그램을 기획하여 스토리텔링 기반의 전시 연계 교육 프로그램들을 실행하기도 했다.[55]

이처럼 다양한 박물관 체험 교육 및 프로그램이 성공하면서, 국립중앙박물관을 비롯하여 국립어린이과학관, 과천과학관, 인천과학관, 경기도어린이박물관 등의 박물관과 과학관뿐 아니라 서울상상나라, 용인상상의숲, 국립과천미술관 내 어린이 미술관 등지에서도 어린이를 위한 교육 프로그램과 체험 프로그램이 눈에 띄게 늘어났다. 또한 교육 내용도 상당 부분 개선되었다. 용인어린이상상의숲과 같은 경우는 상상플러스 아카데미, 문화학교, STEAM 북콘서트를 포함한 다양하고 의미 있는 문화 프로그램이 실행되고 있다.

하지만 단기적인 지자체 행사나 일회성의 단순 체험 교육에 상당 부분 투입되고 기초 예술 분야나 사립 미술관에 제한적으로 투입되는 것은 여전히 문제로 남는다. 또한 뮤지엄 현장에서 교육 프로그램을 실행해야 할 당사자들이 여전히 전통적인 큐레이터 시스템에 익숙하여 전통적인 방식을 선호하는 것도 문제이다. 곧 뮤지엄 교육 당사자들의 재교육을 통한 인식을 변화는 장기적인 관점에서 중요한 과제라고 할 수 있다.[56] 다시 말하면, 정부 예산의 투명하고 유연한 투자와 생애 주기별·맞춤형 프로그램 개발, 뮤지엄 관련자들의 뮤지엄 교육에 대한 인식 변화 등은 우리의 뮤지엄 교육의 미래를 위한 중요한 사안이다.

예술교육으로 사회적 상상력을 키워 주자

4차 산업혁명에 따른 교육의 패러다임이 바뀌면서 예술과 교과 간 연계를 통한 예술 기반 교육과정 운영과 국악·연극·영화·만화/애니메이션·무용·사진·디자인·공예 외 예술 장르(미디어·융합예술 등) 발생에 따른 새로운 예술교육 요구, 예술 장르 간 융합 필요성 등 다양한 문제에 부딪혔다. 일각에서는 문화 예술 교육과 관련된 양적 성장은 의미 있는 성과라고 평하기도 하지만 여전히 질적인 측면에서의 성장은 필요하다는 지적이 계속되고 있다. 우리 예술교육의 질적 재고와 문화 예술의 대중화를 위해서는 문화 예술 교육의 근본적인 방향성과 근본 가치에 대한 이해가 필요하다.

직관적 사고 및 창의력이 더욱더 중요해지는 4차 산업혁명 시대에 발맞춘 예술교육은 학습자들의 감성과 지성뿐만 아니라 다른 사람들과의 협업을 통해 다양한 상상력의 발현을 촉진시키는 방향으로 이루어져야 한다. 이에 관련해 교육 철학자인 맥신 그린(Maxine Green) 박사는 예술교육의 가능성을 '사회적 상상력'이란 용어를 써서 설명한다:

"내가 상상력에 의미를 부여하고 집중하는 이유는 상상력 – 긴 밀히 연결되어 있는 세계를 모을 수 있는 – 이 무엇보다도 감정 이입을 가능하게 한다는 것이다 … 다른 사람들, 다른 것들이 우 리에게 어떤 실마리를 줄 수 있다면, 우리는 타인의 눈과 귀를 통해 보고 들을 수 있게 되는 것이다. … (결과적으로) 우리는 사 회적 상상력을 소유할 수 있게 된다. 이 사회적 상상력은 우리가 해야만 하는 것들, 그리고 결함이 있는 우리 사회에서 우리가 할 수 있는 것들을 만들어 낼 수 있는 능력이라 할 수 있다."[57]

이러한 의미에서 4차 산업혁명 시대에 발맞춘 예술교육은 앞서 대안적 학습 모델로 제시한 메이커 교육과 미디어 교육, 뮤지엄 교 육 등을 활용하여 학습자들의 사회적 상상력을 북돋아 주어야 한 다. 즉 새로운 예술교육은 학생들로 하여금 자신의 상상력을 예술 작품에 투영할 뿐만 아니라 같이 작업하는 동료들과 함께 소통하는 과정을 통해 사회적 상상력을 배가하는 방향으로 나아가야 한다.

4차 산업혁명 시대의 예술교육은 결과보다 과정에 많은 의미를 둘 수밖에 없다. 그 이유는 어떤 특정한 산출물이 아니라 같이 창조 하고 소통하고 아이디어를 나누는 '과정'을 통해 학생들의 상상력이 발현되고 성장하기 때문이다. 따라서 과정 중심의 예술교육은 "기 계적 완벽성이 아닌 인간의 불완전성, 최적화가 아닌 다양성, 효율 성이 아닌 오류 문화, 빠른 해결이 아닌 느린 사유, 참과 거짓이 아 닌 모순에 대한 인정"을 수반해야 한다.

또한 인공지능이 빅 데이터를 활용하여 인간의 고유한 영역이라고 생각되었던 예술작품마저 창작해 내는 등 인간이 담당하는 역할을 대체하는 상황에서 예술교육의 방향은 더 근원적으로 많은 인문학적 질문들에 대한 답을 추구하는 방향으로 바뀌어야 한다. 즉 그리스 시대부터 철학자들이 꾸준히 제기했던 '인간이란 무엇인가?'라는 질문에 대한 답을 찾는 교육, 근원적 의미의 인간의 존재론(epistemology) 및 인간성에 대한 대답을 찾는 교육으로 선회되어야 한다. 이를 통해 4차 산업혁명 시대의 발전된 테크놀로지와 기계 문명의 각박함 속에서 학생들은 실수하더라도 다시 시도해 볼 수 있는 여유를 갖게 될 것이다.[58] 바로 4차 산업혁명 시대에 예술교육이 각광받을 수밖에 없는 이유가 예술교육이야 말로 '인간다움' 혹은 '인간성'을 회복시켜 줄 수 있는 중요한 교육적 도구 및 환경을 제공할 수 있기 때문이다.

5장

미래 교육의 토대,
인문학 교육

인문학 교육의 위기

요즘 젊은 세대에서 '인구론'이란 말이 유행이라 한다. 인구의 자연 증가는 기하급수적인데, 식량의 생산은 산술급수적이기에 빈곤은 필연적이라 주장한 18세기 경제학자 토머스 맬서스(Thomas Malthus) 의 인구론을 말하는 게 아니다. 이는 '인문계 졸업생의 구십(90)% 는 논(론)다.'의 줄인 말로, 인문계 학과를 졸업하면 취업이 안 된다 는 현실을 반영한 신조어이다. 그뿐만이 아니다. '문과라서 죄송합 니다'라는 의미의 '문송합니다'라는 표현은 대한민국 기업들은 인문 계 전공자보다 이공계 전공자를 선호하여 이공계 졸업생들이 비교 적 취업이 용이한 현실을 단적으로 보여 준다.

　그렇지 않아도 바늘구멍 같은 취업문을 뚫어야 하는 인문계 졸업 생들은 4차 산업혁명의 진행에 따라 인공지능과 사물 인터넷 등의 핵심 기술이 급격하게 발전하면 기회가 더 줄고 취업이 어려워지는 것은 아닌가 하는 걱정이 앞선다. 우리나라의 인문학 교육이 과거 의 패러다임에 갇혀 지식 전달 교육 중심으로 유지하고 있기 때문에 이러한 걱정은 더욱 강화된다.[1] 그래서 "인공지능의 광범위한 적용과 활용이 [현재의] 지식 교육의 비효율성을 인정하지 않을 수 없게 만들게 되면 지식 교육이 아닌 이전과는 다른 어떤 교육이 유의미한지"에 대한 진지한 성찰이 시급하다.

최첨단 IT 기업의 인문학 사랑

우리나라의 상황과는 달리 4차 산업 기술의 최첨단을 달리는 미국 IT 기업에서는 오히려 인문학적 소양을 갖춘 인재를 선호한다. 구글의 부사장 테이먼 호로비츠는 "IT 분야에서 성공하기 위해서는 인문학을 전공하는 게 유리하다"라고 말했다. 이를 반영하듯 구글의 2011년 신규 채용 인력 6,000명 중 5,000여 명을 인문학 전공자로 충원해 눈길을 끌었다.

페이스북의 고위 임원 교육과정에서는 "그리스 신화 중 소포클레스(Sophocles)의 비극 〈안티고네(Antigone)〉를 읽고 기업의 변화 방향을 제시하시오."라는 문제가 출제되었다. 페이스북의 창립자이자 CEO인 마크 주커버그는 그리스 로마 신화 고전을 원서로 읽을 정도로 인문학 교육에 관심이 크다는 것은 널리 알려진 사실이다. 페이스북 사내에는 공학자와 인문학자가 포함된 미래 환경을 전망하는 전담 부서가 있다.

스티브 잡스는 IT 기술과 인문학을 접목시켜 발상의 전환과 혁신을 만들어 낸 가장 대표적인 인물이다. 그는 자신이 창립한 애플 컴퓨터의 경영권 분쟁으로 쫓겨 나왔을 때, 1986년 장편 애니메이션을 만들기 위해 루카스 필름 컴퓨터를 매입하고, '픽사'로 이름을 바꾸면서 경영계에서의 새로운 신화가 되었다. "'화소(畵素·PIXEL)'와 '예술(ART)'을 결합한 이름 '픽사(PIXAR)'는 기술과 예술의 융합, 과학과 인문학의 융합을 상징한다."[2] 회사 이름에서 드러나듯 잡스는 인문학을 중요하게 여겼으며, 사내 교육기관인 '픽사 대학'을 설립하여 직원들에게 문학, 철학 등의 인문학 교육을 하였다. 픽사의 애니메이션이 사랑받는 것은 이러한 인문학 교육을 통해서 탄탄한 스토리를 갖게 되었기 때문일 것이다.

이러한 최첨단 기술 기업의 인문학 사랑은 미국에만 국한되지 않는다. 4차 산업혁명이란 용어가 다보스 포럼에서 클라우스 슈밥 회장에 의해 소개되긴 했지만, 사실 4차 산업혁명의 기원이 독일의 '인더스트리 4.0'라고 주장하는 사람들도 있다.

제조업 분야에서 값싼 노동력을 활용한 중국과 인도와 같은 개발도상국들이 노동비용의 우위를 이용하여 독일을 빠르게 따라잡기 시작하자 독일은 이에 대한 대책으로 제조업과 정보통신기술(ICT)의 융합이라는 기조를 바탕으로 한 인더스트리 4.0 전략을 마련했다. 이 전략에는 "개인의 자유로운 창의력과 시장경제 그리고 사회진보를 융합하여" 탄탄한 독일의 중소기업을 중심으로 아래서부터의(bottom-up) 기술혁신을 이룩하여 위기를 타개하겠다는 의지가 고스란히 담겨 있다.[3]

독일의 인더스트리 4.0 전략은 그 자체가 기술혁신을 통해 개개인 독일 노동자의 인권을 보호하자는 인본주의적 철학을 담고 있다. 제조업의 디지털화가 인간을 대체하는 것이 아닌 "사람이라는 사고를 바탕으로 인간 중심의 노동조직 창출"을 고민하는 노동정책인 '아르바이텐 4.0(Arbeiten 4.0)'이 독일에서 만들어진 것은 놀라운 일이 아니다.

이처럼 4차 산업혁명의 근간에는 기술의 진보가 어떻게 인권을 보호하고 신장시키는가에 대한 깊이 있는 철학적 논의가 숨겨져 있다. 이것은 4차 산업혁명 시대에도 인간을 이해하는 학문인 인문학을 왜 공부해야 하는가라는 물음에 대한 답을 찾는 과정에도 중요한 실마리가 된다.

인간 본질에 대한 질문, 교양 교육

2018년 미국대학협회(AAC&U, Association of American Colleges and Universities)가 500여 명의 기업 CEO와 인사 담당자를 상대로 실시한 조사에 따르면, 세계화된 사회의 혁신 기반 경제에서 가장 요구되는 역량으로 전공에 대한 깊은 지식보다 창의성과 의사소통 능력, 윤리적 판단력, 비판적 사고 및 분석적 추론 능력 등을 꼽았다고 한다. 이는 세계 시민성(global citizenship)과 관련된 역량으로서 전공과목보다 다양한 교양 교육을 통해서 길러질 수 있는 것이다.[4]

또한 미국 대학협의회가 2013년에 발표한 조사 결과에 따르면 고용주의 74%는 글로벌 세계경제를 가장 잘 준비하는 방법을 훌륭한 교양 교육을 받는 것이라고 했다. 여기서 교양 교육의 의미는 "학생들이 사회적 책임 의식만이 아니라, 모든 학문에 적용되는 지적이고 실질적인 능력, 예컨대 커뮤니케이션 능력, 분석적으로 문제를 해결하는 능력, 현실 세계에 지식과 지혜를 적용하는 능력" 등을 포괄한다.[5]

미국의 철학자 앨런 블룸(Allan Bloom)은 교양 교육에 대해 조금 새로운 시각을 제시한다. 교양 교육을 단순한 역량을 중심으로 이해하기보다는 "청년들이 '인간이란 무엇인가'라는 〔인간의 본질에 대한〕 질문을 던질 수 있도록 돕는" 교육이자, 어느 하나의 답이 아닌 여러 대안과 질문을 떠올릴 수 있게 하는 교육이라고 주장한다.[6]

또한 서양 교양 교육과 관련해 미국의 유명한 여성 법철학자인 마사 누스바움(Martha Nussbaum) 교수의 책 《인간성 수업(Cultivating Humanity)》(1998)은 학계는 물론 사회에 큰 파장을 일으켰다. 마사 누스바움 교수는 이 책에서 소크라테스나 세네카 등의 그리스 철학자들의 사상을 인용하여 교양 교육의 현대적 의미를 재해석했다. 교양 교육의 중요성을 강조하며 교양 교육을 통해 얻을 수 있는 다음 세 개의 능력이 현재 우리가 살고 있는 세계화된 시대에 가장 필요한 능력이라고 주장했다.

1. 자기 성찰(the examined life): 자신의 전통에 대해 비판적으로

고찰할 수 있는 능력

2. 세계 시민성(the world citizenship): 살고 있는 지역과 소속을 뛰
   어넘어 스스로를 전 지구적인 의미의 세계시민으로 간주하고
   소통할 수 있는 능력

3. 서사적 상상력(narrative imagination): 자신과 많이 다른 사람의
   입장에서 생각하고 느낄 수 있는 능력

즉 경제 발전과 물질적 번영을 위해 국가 교육제도가 과학과 기술
교육을 강조하는 것도 중요하지만, 문학, 예술, 철학, 역사와 같은
교양 교육을 통해서 학습자의 서사적 상상력 및 비판적 사고를 향상
시키고 이를 통해 상대방을 배려하고 이해할 수 있는 자질을 기술
및 지식 습득 전에 고양시키는 것이 선행되어야 한다는 것이다.[7]

자유는 배우는 것이다

교양 교육을 지칭하는 영어 단어는 'liberal arts education'이다.
liberal은 '자유로운', '진보적인'라는 뜻으로, 이에 따르면 교양 교
육은 "사회적 유용성과는 거리가 먼 인간의 정신을 자유롭게 하는
교육"이 된다.[8] 그렇기 때문에 교양 교육은 단순히 돈을 벌기 위해
서, 사회적 영향력을 키우기 위해서 같은 실용적 목적이 아닌 진리
의 탐구라는 목적의 의미가 강하다. 다시 말하면, 마사 누스바움이

자신의 저서 《Not for profit : why democracy needs the humanities》 (2010)에서 지적한 것처럼 인문학은 이익을 위한 것이 아니다.

비슷한 맥락에서 서양 철학자인 나이젤 텁스(Nigel Tubbs) 교수도 교양 교육의 목적을 "어떤 것 그리고 모든 것의 가능성의 조건이 되는 보편적 원칙"을 추구하는 것이라 말한다.[9] 아리스토텔레스, 데카르트, 단테와 같은 서양의 유수한 사상가들이 지적했듯 사물을 움직이는 첫 번째 원인(the first cause) 혹은 첫 번째 원리(the first principle)를 찾는 것이 진리 추구의 목표라는 것이다.[10] 이는 텁스 교수가 자신의 저서 제목으로 '자유는 배우는 것이다(Freedom is to learn)'라고 한 것에도 잘 드러난다.

인문학의 기원은 고대 그리스의 교육 또는 학습이라는 뜻을 가진 '파이데이아(Paideia)'에서 유래되었다. 파이데이아는 기원전 5세기 중반 철학 사상가였던 소피스트(Sophist)들이 젊은이들을 도시국가에 적합한 시민으로 육성하기 위해 실시했던 교육과정을 뜻하는 것으로 체조·문법·수사학·음악·소학·지리학·자연철학·철학 등을 포함하고 있다.

이러한 기초 교양 교육이 로마 시대에 들어서는 인간에 관한 연구인 '휴마니타스(Humanitas)'로 이어졌다. 로마의 정치가였던 키케로가 자신의 저서 《웅변가에 관하여(De Oratore)》에서 쓴 이 표현은 원래 '인간 본성'이라는 의미를 담고 있다. 인문학이라는 의미를 담고 있는 영어 단어 humanities도 여기서 유래되었다.

수사학, 문법, 변증론, 산술학, 기하학, 천문학, 음악 이론학을 포함하는 고대 서양의 교양 교육 과목(Septem artes liberals)은 이러한 서양의 전통에서 출발하였다. 이런 관점에서 볼 때 교양 교육은 기초적인 학문 소양을 쌓을 뿐만 아니라 학생의 인성을 계발하기 위한 역할도 한다.

이렇듯 교양 교육은 "지성인의 교양으로서 대화, 사유, 토론, 논술과 같은 일반적이면서 보편적인 능력과 소양을 길러 주기 위한 노력의 소산[11]"이고, 학교는 이를 가능하게 해 주며 소통하고 관계를 맺어 가는 민주주의적 공간이 되어야 한다. 이러한 자유로운 소통과 협업 가운데 학생들은 자연스럽게 비판적이며 독립적인 사고, 전체적(holistic)이고 다면적인 관점, 스스로에 대한 반성 및 평가를 할 수 있는 능력을 기를 수 있게 된다.

융합 인문학[12]이란?

인문학 교육을 통해 학생들이 키울 수 있는 창의적이고 비판적 사고 및 소통 능력은 4차 산업혁명 시대에도 여전히 중요한 역량이다. 스티브 잡스가 "기술(technology)와 인문(liberal arts), 하드웨어와 소프트웨어를 융합시켜야만 미래를 선점할 수 있다"고 강조한 것처럼, 인문학이 과학, 공학 및 기술과 접목되었을 때 미래 사회를 대비하는 데 더욱 더 가치를 발할 수 있다.[13]

구글과 애플 같은 세계적인 기술 선도 기업들도 "인문적 감성과 창의적 기술의 융합은 기술 개발의 방향과 가속, 새로운 사업에 관한 통찰력과 시야의 확장을 보장하는 필수 요소"라는 자각 아래 여러 인사 프로세스에서 이 역량을 선별하고 강화하는 절차를 밟고 있으며, 이러한 추세는 계속될 전망이다.[14] 이러한 의미에서 인문학과 과학, 기술, 공학과의 융합은 세계적인 추세이며 앞으로 이를 위한 교육으로 확장될 것이다. 하지만 아직까지 학문적 바탕과 방법론이 상당히 다른 이들 학문과 인문학을 어떻게 융합할 것인가, 또 무엇이 융합 인문학인가에 대한 정의가 불분명한 것도 사실이다.

그렇다면 융합이란 무엇일까? 융합은 "다양한 학문 분야의 이론, 기술, 데이터를 포괄 혹은 포함"한다는 의미의 '다학문적 접근(multidisciplinarity)'과 구분된다. 융합은 다학제간 접근보다 통합(integration)적인 면을 더 강조한다.[15] 비유를 들자면 다학제간 접근은 다양한 학문 분야를 하나로 모아 놓은 비빔밥 같은 것이고, 융합은 마치 찌개처럼 여러 재료가 섞이고 어우러지면서 원재료의 맛과는 완전히 다른 새로운 맛을 탄생시키는 것이다.

즉 융합적 접근은 단순히 여러 가지 학문을 포함한다는 의미를 넘어서 학습자가 다학문 분야에서의 지식 및 사고방식을 종합하고, 연결하며, 통합하는 것을 필요로 한다. 이런 의미에서 융합은 학습자로 하여금 두 개 이상의 학문 영역에서 얻은 지식, 기술 및 사고방식을 통합함으로써 "현상을 설명하고, 문제를 해결하며, 제품을 창조하고, 새로운 질문을 제기하는 '인식의 진보'(cognitive advancement)"를 이루어 낸다.[16] 따라서 융합은 단순히 지식의 합(合)만을 의미하지 않는다. 다양한 방법론, 지식, 기술, 사고방식을 통합하는 가운데 새로운 통찰을 얻어 내는 것, 이것이야 말로 융합의 본질이라 할 수 있겠다.

융합 교육과정으로 얻을 수 있는 효과

무엇보다 여러 전문 분야의 지식을 통합하는 과정에서 가장 중요한 요소는 학습자가 그 문제에 대한 알맞은 질문을 할 수 있어야 한다는 것이다. 이를 위해서 학습자에게 요구되는 것은 주어진 문제를 해결하기 위한 분야에 "어떤 전문 지식이 존재하며, 이 지식이 어떻게 적용될 수 있는지"에 대한 질문을 던지는 것이다.[17]

융합 교양 교육 분야의 저명한 학자인 줄리 클라인(Julie Klein) 교수도 융합을 위한 핵심 능력은 복잡한 이슈들과 문제들에 대해 "의미 있는 질문들(meaningful questions)"을 던질 수 있는 것이라고 했다. 이 질문들을 답하기 위해 필요한 지식, 정보, 관점들이 존재하는 다양한 영역과 자원들을 찾아내며, 찾아낸 자원들을 비교, 대조하면서 문제에 대한 전체적인 이해를 가질 수 있게 된다.[18] 이 과정에서 중요한 것은 학습자가 다양한 영역의 지식, 정보, 관점의 충돌에서 생기는 모호함과 모순을 참아 내며 해결책을 지속적으로 찾아 나가도록 격려하는 것이다.[19] 이런 학제간 접근 교육과정에 관해 존 서보스(John Servos) 교수는 다음과 같이 표현한다:

Re-스타트, 다시 시작하는 교육

"전통적인 학문 영역에서의 경계선에는 신나는 가능성이 존재합니다. 자유롭게 교육받은 사람은 이렇게 전통적인 학문 영역 간의 첨예한 대립에 존재하는 기회들에 주의를 기울여야 합니다. 또한 그러한 경계선을 따라 자신감 있게 질문을 던질 수 있으며, 한 분야의 발전이 다른 분야의 발전에 주는 영향에 대해서도 민감해야 합니다."[20]

융합 교육과정을 통하여 학습자는 "지식 구조(knowledge structure)"를 만들게 된다. 지식 구조란 주어진 문제를 해결할 때 필요한 관점, 개념, 아이디어, 방법론들을 분별없이 가져다 쓰는 게 아니라 복잡한 문제와 다양한 자료들을 '의미 있게' 연관시켜 구조화한 것을 일컫는다. 즉 지식을 구조화한다는 것은 내가 풀어야 하는 문제 혹은 해결해야 할 상황에 맞추어서 전달된 내용을 각 범주별로 나누어 정리하고 단순화시킨다는 의미이다. 결국 지식의 구조화는 지식을 얼마나 많이 습득하고 외우는 것보다 지식을 문제와 상황에 맞게 적용할 수 있는가가 중요하게 되는 것이다.[21]

융합적 접근은 지식이 자연현상이나 사회생활에 의해 주어진 학문 영역이 아니라 '인간이 만들어 낸 구성체(human construct)'라고 가정한다.[22] 따라서 지식도 고정된 것이 아니라 경험과 분석의 성장에 따른 학습자의 인식 발달 정도와 함께 변화해 가는 '과정'으로의 성격이 더 강할 수밖에 없다.[23]

학생들은 단순히 지식을 습득하고 암기하는 데서 끝나지 않고

"의미를 추구하고, 배운 지식을 성찰해 보고, 개인적인 이해를 통해 배운 지식을 내재화하는" 등의 융합 교육과정을 통해 지속적인 지적 발달을 이루게 된다.[24] 다음은 융합 교육과정을 통해 얻을 수 있는 효과들을 정리한 것이다.[25]

융합 교육과정을 통해 얻을 수 있는 효과

비유(analogies)와 은유(metaphors)를 생성해 낼 수 있는 능력
학문 영역 간 강점과 제한점에 대한 이해
습득된 지식에 대한 가치를 평가할 수 있는 능력

고차원적인 인지 능력
향상된 내용 기억 능력
적극적이고 자기 주도적인 사고 기술 능력
별로 비슷해 보이지 않는 맥락을 연결시키는 능력

모호함과 모순을 참을 수 있는 능력
이슈가 가지고 있는 윤리적 영역에 대한 민감성
넓어진 관점과 조망
조합 혹은 통합할 수 있는 능력
향상된 창의력, 독창적인 통찰력, 관습에 얽매이지 않는 사고
주관적, 객관적 사고의 조화를 인지할 수 있는 능력
겸손, 편견에 대한 민감성

메타인지적 사고와 유연한 태도

융합 교육과정의 가장 큰 효과 중 하나는 메타인지적 사고 기술의 배양이라고 할 수 있다. 메타인지는 최근에 주목받고 있는 개념으로 창의력 신장과 문제 해결력 향상에 중요한 역할을 한다. 메타(meta)는 '한 단계 고차원'이란 의미로, 메타 인식은 자신이 알고 있는 것에 대해 자각하고, 이를 조절하고 통제하는 자기 성찰 능력을 말한다. 메타인지의 개념은 다양한 해석이 가능하지만, 일반적으로 인지적 지식(knowledge about cognition)과 인지의 조절(regulation of cognition)이라는 두 가지 관점으로 본다.

1970년대 메타인지 연구의 선구자격인 존 플라벨(J. H. Flavell)이 메타인지를 "학습자가 외부에서 받아들인 지식 및 자신의 인지 과정에 관하여 의식한 내용들이 내재화된 지식 체계로서, 학습 전략을 선택해서 목표 달성을 추구하는 인지 과정을 통괄하고 지휘하는 것"이라고 정의한 이후에 다양한 논의로 확대되고 있다.[26]

학습자는 인식론적 발달과 내재화된 지식 구조의 발전을 통해 단순히 지식을 쌓는 것을 넘어서서 자신의 진보를 스스로 점검하고 평가하면서 지속적인 지적 성장을 할 수 있다.[27] 주어진 지식, 정보, 방법론에 대한 비판뿐만 아니라 학습자 스스로가 문제를 해결하기 위해 도입한 연구 목적 및 과정을 비판하고 반성할 수 있으니 자아 성찰도 가능하다.[28]

이러한 자아 성찰의 과정은 또한 학습자가 유연한 태도를 갖게 하는 원동력이 된다. 또한 다양한 학문을 통합하기 위해서는 각 학문이 가진 연구 과정의 다름을 존중하는 가운데서 적극적으로 질문하고 소통하는 자세가 필요하다. 이러한 유연한 태도는 세계적인 인문학자인 유발 하라리가 4차 산업혁명 시대의 교육에서 강조했던 핵심 역량이기도 하다.

인문학에 대한 강박

전통적으로 휴머니즘을 바탕으로 발생한 인문학은 인류가 수천 년 역사를 통해 경험하고 배운 지혜와 지식을 다음 세대에 전수하여 사회가 요구하는 이상적이고 미래지향적인 인간상을 구현하는 것을 목적으로 한다. 인간다운 삶의 조건에 대해 연구하는 학문인 인문학은 우리에게 인간다운 삶을 살아 나갈 수 있는 능력을 길러 주는 교육이라고 할 수 있다.

하지만 지금까지의 우리의 인문학 교육은 "취업에 유리한 실용적인 전공의 선호 및 중시, 획일적인 단답식 시험과 상대평가의 만연, 교수 각자의 교수법 연구와 개선 노력의 결여, 진정한 의미에서의 통합 학제적 인문학 교과목 개발의 부재" 등의 복합적인 요인들로 인하여 인문학의 본연의 의미를 망각하고 있다. 대신 내부분의 학생들은 인문학을 단편적으로 이해하고 과거의 고리타분한 지식을 전달하는 것으로 생각하며 기피하게 되었다.[29] 결국 인문학을 배워야 한다는 강박이나 필요성이 인문학의 본질에 대한 이해를 상쇄한 셈이 되어 버렸다.

미래 사회에 인문학이 중요하게 수용되는 이유는 인문학이 학생들로 하여금 '유연성'과 '통합성'을 기르는 데 효과적인 학문이기 때문이다. 다른 말로 하면 인문학은 융합 교육의 핵심이 되어야 하고 그렇게 될 수밖에 없다는 것이다. 4차 산업혁명 시대에 강조되고 있는 융합 교육이 자랄 수 있는 토양은 인문학이며, 인문학은 통합적인 사고를 할 수 있는 인재를 만들 수 있는 바탕이 된다.

미국 토머스 제퍼슨 고등학교의 특별 교육 프로그램

미국은 4차 산업혁명을 선도하는 나라답게 융합 교육 분야에서도 앞서 나가고 있다. 미국은 각 주마다 상이한 교육제도를 가지고 있고, 실험적이고 혁신적인 교육을 행하는 다양한 사립학교가 있기 때문에 융합 교육도 하나로 유형화하기는 어렵다. 그래서 대표적인 학교인 토머스 제퍼슨 학교의 사례를 통해 미국이 지향하고 있는 융합 교육에 대한 철학과 현재 이루어지는 교육의 방향에 대한 이해를 돕고자 한다.

미국의 수도인 워싱턴 DC에 위치한 명문 토머스 제퍼슨 고등학교는 미국 내에서도 과학 영재들을 키워 내는 것으로 유명하다. 이 학교의 특징적인 융합 프로그램은 IBET(Integrated Biology, English,

Technology) 과목이라고 할 수 있는데, 프로그램 이름에서 알 수 있듯이 생물, 영어, 기술을 통합한 과목이다. IBET 프로그램은 관련 학과의 8명의 교사들이 서로 소통하고 협력하는 가운데 처음 아이디어를 내어 만들게 된 프로그램으로 다양한 과목의 지식과 방법론을 연결시키고 학생들이 새로운 방식의 협동을 경험할 수 있게 하기 위한 목적으로 만들어졌다.

토머스 제퍼슨 고등학교의 신입생은 IBET 프로그램 안에서 1년간 연구 프로젝트로 실행하게 되고, 교육과정의 50~60% 정도는 생물학(Freshman Honors Biology), 영어(Freshman Honors English), 기술(Freshman Technology), 통계(수학) 수업을 통해 관련 과목 지식을 배우게 된다. 그리고 나머지 시간은 수업에서 배운 지식을 활용하여 연구 프로젝트 형태로 활동을 하게 된다. 연구 프로젝트 실행을 위한 연구 단계별 과목 부담은 다음과 같다.

■ **연구의 배경(선행 연구): 영어, 문헌 연구, 생물학**
(Background research (literature review): English, Library and Biology)

■ **실험 설계와 적용: 생물학, 기술**
(Experimental design and implementation: Biology and Technology)

■ **자료 조사: 생물학, 기술**
(Data collection: Biology and Technology)

■ **자료 해석: 생물학, 수학**
(Data analysis: Biology and Math)

위의 표에서 보이는 것처럼 영어 과목이 IBET 융합 프로그램의 인문학 과목의 범주에 포함되어 있다. 이는 영어 수업을 통하여 학생들은 연구 프로젝트를 수행하기 위한 자료를 찾고 핵심 키워드에 따라 자료를 분류하여 연구 방법을 세우기 위한 기초 자료로 활용하는 법을 배우는 인문학적 사고 과정을 반영한 결과이다. 또한 연구 결과를 일목요연하게 글로서 정리하며 리포트를 작성하고, 연구 성과를 다른 학생들과 선생님들 앞에서 발표하는 연습을 하게 된다. 학생들은 영어 수업을 통해 이 모든 과정을 경험한다.

토머스 제퍼슨 학교의 IBET 프로그램을 보면 말하기, 쓰기도 인문학의 영역으로 간주되는 것을 알 수 있다. 4차 산업혁명 시대의 인문학은 문학, 철학, 역사 등의 제반 지식을 배우는 것이 목적이 아니라 우리가 배운 인문학적 지식을 어떻게 활용하는가에 방점이 있는 것이다. 그래서 학생들은 영문학 수업을 받으면서 단순히 영문학적 지식을 배우는 것이 아니라 문학작품에 나오는 표현을 자신의 에세이에 활용하고, 문학작품에 대해 토론하면서 자신의 생각을 효과적으로 피력하는 법을 배우게 된다. 다시 말하면 영어 수업은 단

〈프로젝트 수업 중인 토머스 제퍼슨 고등학교 학생들〉

출처: Sivakumar, N, and Ramakrishnan, A.,〈Freshmen continue year-long IBET research project〉, 〈TJtoday Online〉(18 February, 2015), https://www.tjtoday.org/13881/features/freshmen-continue-year-long-ibet-research-project/

순히 문법이나 문학적 지식을 배우는 과목이 아닌, 학생들이 자신의 의견을 효과적으로 표현하고 전달하는 방법을 배우는 모든 학생을 위한 과목으로 탈바꿈한 것이다.

IBET 프로그램에 참여하는 선생님들은 학생들 못지않게 정기적 미팅을 통해 서로 협력하여 공통의 교육과정을 준비하고 학생들의 연구 프로젝트 개발을 돕는다. 이 과정을 통해 다양한 과목의 교사들이 협력하고 학생들의 성취를 모니터 할 수 있는 학교 내 교육적 환경이 구축된다. 학생들이 프로젝트를 선정할 때에도 담당 교사들의 전문성이 반영될 뿐만 아니라 지역사회와의 연결 고리 혹은 국내 혹은 국제적인 이슈와 연결되어 있는 주제를 상호 소통을 통해 선정한다.

이러한 IBET 프로그램의 대상은 고등학교를 입학한 신입생들이다. 학생들은 학교에 입학한 후 첫 1년 동안 프로그램에서 다양한 융합적 지식을 습득할 뿐 아니라 정기적으로 만나는 다른 학생들 및 교사들과 유대 관계를 맺으며 공동체를 이루고 학교생활에 잘 적응할 수 있게 된다. 또한 학생들은 신입생 때부터 스스로 연구하고 학습할 수 있는 환경 속에서 융합적이고 전체적인 사고력을 기르는 방법을 배운다.

핀란드의 융합 역사 교육

핀란드는 국가적으로 4차 산업혁명이 요구하는 융복합적인 사고를 가진 미래형 인재로 학생들을 양성하기 위해, 2016년에 전 세계에서 처음으로 국가 교육과정의 일부로 과목의 경계를 없애는 현상기반학습을 도입했다. 현상기반학습이란 핵심 과목은 그대로 유지하면서, 역사, 화학, 수학, 생물 등의 다양한 과목들을 융합하여 핵심 문제 및 교육과정을 설계한 것이다.

현상기반학습에서 배우는 역사는 역사적 지식을 암기해 시험 문제를 푸는 형식의 딱딱한 과목이 아니라, 역사적인 사건에 대한 공감적 이해를 바탕으로 학생들이 당면한 문제를 해결하고 문제에 대한 더 깊은 이해를 위해 스스로 역사적 사실을 찾아보는 능동적 과목인 것이다. 4차 산업혁명 시대에 맞는 역사 교육의 핵심은 '역사 지식'이 아닌 '역사 역량'을 배양하는 것이다.

이는 현재 우리나라 역사 교육에도 시사하는 바가 많다. 우리 아이들은 정보가 넘쳐 나는 사회에 살고 있고, 인터넷이나 인공지능을 활용하여 필요한 지식을 언제 어디서든지 찾을 수 있는 세대이기도 하다. 이러한 아이들에게 필요한 역사적 역량은 "현대 글로벌 세계의 주요 특징들을 주제로 선정하고, 그 역사적 뿌리를 고대로부터 현대까지 추적"하면서, 주제에 따라 다양한 관련 지역을 선택하고 적절한 역사적 연구 방법론들을 동원할 수 있는 역량이다.[30] 이러한 융합적 접근법을 통해 학생들은 깊이 있는 공부의 필요성을 느끼고 스스로 공부하고 싶다는 동력을 갖게 된다. 역사를 공부하고 싶다는 동기를 갖게 되는 것 이것이 바로 융합 역사 교육의 핵심이라 할 수 있겠다.[31]

영국의 융합 교육 프로그램[32]

영국의 대표적인 융합 교육 프로그램은 옥스퍼드 대학에서 운영하는 PPE(Philosophy, Politics and Economics) 프로그램이다. PPE 프로그램은 전 세계적으로 유명한 대학 융합 교육 및 학부 교양 교육의 대표적인 교육과정으로 캐나다, 미국, 호주, 중동 등 여러 나라에서 비슷한 성격의 학사 혹은 석사 학위 코스를 개설할 정도로 주요 벤치마킹의 대상이 되고 있다.

이 프로그램은 1920년대에 영국 옥스퍼드 대학에서 중앙 정부 (civil service)에서 일할 유능한 인재들을 양성하는 목적으로 가르쳤던 라틴어 및 그리스어 고전(classics) 등의 교육과정을 근대(modern)적인 지식 체계인 철학과 정치학, 경제학으로 변경하여 학생들이 융합적 인 지식을 습득하고 정부에 진출하여 활동할 수 있도록 돕는 목적 으로 설립되었다.

PPE 프로그램 초창기에는 학생들이 철학과 정치, 경제 세 분야 의 과목을 모두 학습하도록 했지만, 1970년대 이후부터는 세 분야 중 두 분야를 선택하여 깊이 있게 관련 과목을 학습하게 하는 것으로 정책이 바뀌었다. 철학 수업을 통해서는 사물과 현상을 해석하고 분석하는 인식과 사고의 기술을 습득하고, 정치 및 경제 수업을 통해서는 사회가 당면한 여러 가지 문제점들을 파악하며 이를 해결 하기 위한 대안적 방법과 지향점 등에 대해서 전문성을 가지고 과학적으로 고찰을 하는 것을 목적으로 하고 있다.

이런 융합 교육과정을 통하여 옥스퍼드 대학의 PPE 프로그램 은 영국을 '경영'하는 교육 프로그램(PPE: the Oxford degree that runs Britain)이라는 명성을 얻었고,[33] 영국 총리뿐 아니라 토니 애봇(Tony Abbott)과 가렛 에반스(Gareth Evans) 전 호주 총리를 비롯하여 캐나다, 파키스탄, 인도, 가나, 남아프리카 공화국, 싱가포르 등의 영연방 국가들의 총리들과 유력 정치인, 기자, 작가, 사회 운동가 등 세계적으로 잘 알려진 수많은 유명 졸업생들을 배출하였다.

옥스퍼드 PPE 프로그램의 특징은 무엇보다 학부 과정을 통해서 사회 전반을 이해하는 '일반적인(general)' 지식을 폭넓게 접하고 사고할 수 있는 기반을 닦을 수 있다는 점이다. 하지만 PPE 프로그램은 철학, 정치학, 경제학 제 분야의 기초 과목을 모두 배울 수 있다는 장점뿐만 아니라, 각 분야의 전문가가 학생과 소수정예 튜토리얼을 통해 학생이 선택한 과목의 주제를 심도 있게 탐구하고 배울 수 있다는 점에서 여타의 융합 교육 프로그램과 다른 깊이를 제공한다.

PPE 교육과정의 핵심은 '튜토리얼(tutorial)'이라고 불리는 1:1 혹은 1:2 소규모 수업이다. 학생과 교수가 매주 한 번씩 만나서 소크라테스식 문답 혹은 토론식 형식으로 수업을 진행하게 된다. 옥스퍼드 대학에서 PPE 프로그램에 입학한 학생들이 신입생 오리엔테이션에서 받게 되는 핸드북에는 수업 과목당 배우게 되는 10~15개 정도의 주제와 그에 관련된 몇 개의 질문들 그리고 그 질문들을 답하기 위해서 읽어야 하는 15~20개 정도의 독서 자료가 담긴 추천 도서 목록(reading list)이 들어 있다.

첫 수업에서는 관련 주제 중 옥스퍼드 학기 기간인 8주에 맞게 여러 개의 주제 중에서 한 주에 하나씩 같이 공부할 8개의 주제를 정하게 되는데, 보통 교수님의 전문 분야에 맞는 주제 및 학생들이 흥미를 가진 주제를 고르게 된다.

옥스퍼드 대학이 가지고 있는 튜토리얼이라는 제도는 그 자체가 공식적인 평가의 기능은 없다. 옥스퍼드 대학에서는 3학년 말(末) 논술형 시험 한 번만으로 전 프로그램의 점수를 매기는 공식적인

〈옥스퍼드 대학 튜토리얼〉

https://www.law.ox.ac.uk/admissions/postgraduate/magister-juris

평가가 이루어지기 때문에, 튜토리얼을 위해 학생이 쓰는 에세이는 개별 점수가 매겨질 수는 있어도 공식적인 학위 성적표에는 반영되지도 않는다.

그래서 혹자는 튜토리얼 제도를 가지고 "공식적인 평가에 들어가지도 않는데, 과연 학생들이 튜토리얼에서 행해지는 학습을 진지하게 대할까?"라는 질문을 제기기도 한다. 하지만 여기에 바로 옥스퍼드 대학 PPE 과정에서 행해지는 교육의 비밀이 담겨 있다. 바로 옥스퍼드 PPE 프로그램이야 말로 융합 교육과정을 통해 교양 교육을 추구하기 때문이다. PPE 프로그램은 정치, 철학과 같은 인문학 과목이 어떠한 고매한 사상을 이해하고 익히는 하나의 과목이 아니라, 학생들이 일상생활에서 접하는 정치, 경제, 사회 문제를 이해하는 사고의 기저를 훈련시키는 장(場)이 된다.

즉 보이는 문제들 속에 내재되어 있는 다양한 가정들과 이해의 충돌을 분석할 수 있는 메타인식론적 도구로서의 인문학 과목에 대한 접근이야말로 PPE 프로그램이 가지고 있는 가장 큰 매력이라 할 수 있다. 많은 사람들이 융합 교육과정의 약점이라고 일컫는 '지식의 깊이'를 보완해 주는 기능을 하는 것이다. 이는 특히 객관식 암기 교육을 위주로 하는 한국의 초, 중, 고등학교 교육에 시사하는 바가 크다.

옥스퍼드 대학의 인문학 교육[34]

과연 서양 융합 인문 교양 교육은 구체적으로 어떤 모습일까? 이에 대한 이해를 돕기 위해서 필자가 직접 경험한 영국 옥스퍼드 대학의 경험을 나누려고 한다.

영국 옥스퍼드 대학에 입학해서 철학 수업 시간에 처음 받은 에세이 질문은 다음과 같았다.

"How do you know that you know(네가 안다는 것을 어떻게 아는가)?"

한국에 있는 학교에서는 학생들에게 먼저 생각을 하게 한 다음 발표·토론을 하게 한다면, 영국 학생들은 말하면서 생각한다. 교수가 이해하기 어려운 철학적 질문을 던질 경우 한국 학생들은 우선 수업 시간에 배운 것을 적은 노트를 살피거나 독서 목록에서 읽었던 내용을 기억해 내려 애쓰지만, 영국 학생들은 먼저 자신의 생각을 말로 꺼내면서 기선을 잡고(자기 중심으로 이야기의 흐름을 돌리고)

다른 사람에게서 피드백(반응)을 얻음으로써 자기 생각을 발전시켜 나간다.

한국에서는 과묵한 것은 생각이 깊은 것이지만 영국(서양)에서는 정반대다. 말을 안 하면 모르는 것이고, 대화에 끼지 못한 동양 학생들은 주류에서 빠지기 십상이다. 영국 옥스퍼드 대학에서 학사, 석사, 박사 과정을 거치면서 깨닫게 된 것은 영미권 엘리트 교육의 핵심이 바로 이 토론 수업이며, 이 토론 수업의 목적은 학생들로 하여금 '비판적 사고'를 키우도록 하는 것이었다.

그렇다면 '비판적 사고'란 무엇인가? 이를 위해서는 먼저 위의 질문, "How do you know that you know(네가 안다는 것을 어떻게 아는가)?"의 핵심에 대해 생각할 필요가 있다. 이는 내가 알고 있는 지식의 근간(meta-knowing)에 대해 분석하게 만드는 질문이다. 디에나 쿤(Deanna Kuhn) 미국 콜롬비아 교수는 지식의 근간에는 '무엇을 아는가(mega-cognitive)', '어떻게 아는가 (meta-strategic)' 그리고 '사람이 어떻게 무엇을 안다고 말할 수 있는가' 하는 인식론적 접근(epistemological), 이 세 가지가 있다고 분석한다.[35] 결국 비판적 사고란 지식의 근간을 이루는 이 세 가지 사고를 학생이 얼마나 자유롭고 독립적으로 사용할 수 있는지에 달려 있다.

쉽게 말하자면 내가 알고 있다고 생각하는 내용이 무엇인지 명확하게 분별할 수 있고, 그 지식이 어떤 출처를 통해 내 안에서 정립되었는지 정확하게 확인할 수 있다. 또한 이 과정을 지속적으로 반복함으로써 새롭게 얻는 정보와 경험을 통해서 기존의 지식을 확장하고 점검할 수 있는 능력을 기를 수 있게 된다.

한국과 영국 교육의 근본적인 차이점도 바로 영국에서는 학생이 얼마나 '읽었나'보다 얼마나 '생각했나'에 더 중점을 두고 판단하는 것이다. 영국 학생들은 어떤 책을 읽어도 '왜'라고 스스로 질문하는 습관이 돼 있는 듯했다. 토론 수업 시간에는 선생님과 학생들이 서로의 생각을 피력하기 위해 싸우듯 논쟁을 벌인다.

유명한 연구 결과에 대한 리포트를 읽을 때, 한국 청소년들은 '내가 어떻게 이렇게 유명한 연구를 반박할 수 있어?'라며 처음부터 수용적 태도로 논문을 읽는 경향이 있지만, 영국의 학생들은 유명한 연구도 비판적으로 읽으며 자신의 생각을 적극적으로 표현하려고 한다. 이 차이는 비판적인 사고에서 나온다.

무비판적으로 다른 사람의 의견이나 연구를 수동적으로 받아들이는 게 아니라 그 연구나 이론이 아주 유명한 학자들에 의해 만들어졌다고 하더라도 비판적으로 바라보면서 자신의 시각을 통해서 평가해 보아야 한다. 내 생각, 내 논리를 가지고 한번 비판해 보면 그 다음에 '내용에 대한 지식'은 자연히 따라오게 된다. 이렇듯 이곳의 학문적 풍토와 문화, 그리고 교수법은 모두 비판적 사고를 중요시한다.

이런 비판적 사고는 엘리트 교육을 받을 청소년들이나 혹은 사립학교 혹은 특수학교에서나 가능하다고 생각할 수 있다. 사실 영국의 공립학교에서도 이런 비판적 사고를 위한 토론 수업이나 프로그램이 많이 부족한 것이 사실이다. 그래서 영국에서도 토론을 통한 비판적 사고 능력은 사립학교와 공립학교 출신 학생들을 가르는 중요한 기준이 된다고 많은 교육자들도 인식하고 있고, 옥스퍼드 대학 교육학과 내에서도 비판적 사고 및 토론 능력을 공립학교 특히 사회 경제적 혜택을 덜 받는 학생들에게 배양해야 한다는 논의가 많이 있다.

이와 관련된 다양한 대안들이 나오고 있고 영국 교육자들 중 한 명인 코랄 밀번(Coral Milburn)은 공립학교 학생들에게 비판적인 사고를 키워 주기 위한 온라인과 연계한 토론 교육 프로그램을 만들어서 운영하고 있다. 먼저 그녀는 옥스퍼드 주 안에 있는 공립학교들에 방과 후 수업 용 토론 클럽을 만들었고, 클럽을 맡은 교사의 용인 하에 클럽에 속한 학생들이 매주 화요일마다 새로운 주제에 대해 토론할 수 있는 사이버 공간을 만들었다. 학생들은 온라인상으로 토론에 참여하는데, 그녀를 비롯해 뜻있는 교육자들이 학생들의 주장에 대해 구체적 피드백을 제공하고 학생들로 하여금 그 주제에 대해 폭넓은 사고를 할 수 있도록 스스로 자료를 모으고 평가하도록 조언을 했다.

SNS에 익숙한 청소년들에게 온라인 커뮤니티 안에서 글로서 자신의 생각을 자유롭게 표현하게 할 뿐만 아니라 자신의 주장을 리서치를 통해 공론화된 지식과 정보의 기반 위에서 발표하도록 격려함으로써, 공립학교에서는 얻을 수 없는 '맞춤 교육'도 온라인상에서 가능하도록 했다. 이처럼 영국에서는 사립학교뿐만 아니라 공립학교에서도 융합 인문교육을 통해 학생들이 창의적 사고 및 비판적 사고를 배양하려는 다양한 시도가 각처에서 이루어지고 있다.

인문학이 우리에게 가르쳐 줄 수 있는 것

OECD에서 매년 실행하고 있는 PISA 연구에서도 알 수 있듯이 우리나라 공립 교육은 세계적 수준에 도달해 있고, 이제는 오히려 미국과 영국과 같은 '선진국'에서 우리나라 교육의 좋은 점들을 자국의 신문 지면을 통해서 분석하는 수준까지 이르렀다.

우리나라 학생들이 결코 하드웨어에서는 뒤진다고 생각하지 않는다. 하지만 이제 우리에게 당면한 문제는 소프트웨어다. 아직 우리나라 교육은 표현하는 능력(말하기·쓰기)을 비롯, '문제에 접근하는 방법'을 가르쳐 주지 못하기에, 창의적 사고는 물론이고 이를 위한 바탕이 되는 비판적 사고에 대한 훈련도 많이 부족하다.

영국에서 역사 교육은 역사관(歷史觀: historiography) 교육부터 시작한다. 역사의 영어 단어, history를 자세히 살펴보자. history는 his와 story가 합쳐진 형태로 간단하게 정의하면 '그의 이야기' 정도로 풀이할 수 있다. 이야기를 구성하는 방법과 관점에는 여러 가지가 있을 수 있다. 그래서 역사적 사실을 배우기 전에 역사적 사실을 해석하는 데 어떤 관점이 있는지, 나는 어떤 관점을 가장 설득력 있게 주장할 것인지에 대한 논의를 먼저 공부한다. 반면에 한국사능력시험의 인기가 반증하듯 한국의 역사 교육은 아직까지도 실용적이며 기능적인 역할에 강조되며 시험을 보기 위한 지식 습득 교육에 머물러 있다.

우리나라에서는 인문학 교육이 학문 중심 교과목 위주로 되어 있기 때문에 학교에서 행해지는 대부분의 인문학 교육이 지식 습득 교육에 머물러 있다고 할 수 있다. 이제는 정부 기관뿐만 아니라 뜻 있는 교육자들이 나서서 변화를 시도할 때이다.

4차 산업혁명은 이미 우리의 일상 속으로 스며들었고, 이제는 우리에게도 이름만 융합 교육이 아닌, 창의적 인재 양성을 위한 진정한 융합 교육이 필요한 시점이다. 빅 데이터 시대에 여러 정보를 취합해 합리적 결정을 도출하려면 인간과 역사, 문화, 철학 등에 대한 높은 이해와 인문학적 소양이 필요하며, 이는 특별히 첨단 기술을 다루는 기업이나 기관일수록 더욱 그러할 것이다.

예컨대 인공지능 기술이 발전하면서 다음과 같이 윤리적 선택을 해야 하는 상황이 발생할 수 있다. 〈MIT Technology Review〉 학술 저널에도 발표된 유명한 윤리적 선택에 대한 딜레마적 상황이 있다. 이는 우리가 인공지능을 탑재한 자율 주행차를 타고 가고 있는데 달리는 차 앞에 갑자기 10명의 보행자가 나타난 상황을 가정하여 설정된 딜레마이다. 만약 차가 그대로 직진하면 10명의 보행자가 다치게 될 것이고, 보행자들을 피하기 위해 오른쪽으로 핸들을 돌리면 장애물로 인해 운전자가 다치게 된다. 이 경우 자율 주행차는 어떠한 결정을 내릴 것인가?[36] 이와 관련하여 MIT 대학의 맥스 테그마크(Max Tegmark) 교수는 4차 산업혁명 시대 인공지능의 발전

과 함께 발생할 수 있는 수많은 윤리적 딜레마 상황에 대해 다음과 같은 질문을 던졌다:

"자율 주행차가 운행되면 연간 미국 교통사고 사망자 수 3만 2,000명을 절반으로 줄일 수 있다고 한다. 그렇다고 해도 자동차 회사들은 감사 편지 1만 6,000통을 받기는커녕 같은 건수의 소송에 시달릴지도 모른다. 이는 자율주행차가 사고를 일으킨다면 누가 책임을 져야 하는가 하는 질문과 관련이 있다. 승객인가, 소유주인가, 제조업체인가? … 자동차 같은 기계가 보험의 주체가 될 수 있을 경우, 나아가 돈과 재산을 소유할 수도 있을까? … 당신이 기계에게 재산을 가질 권리가 주어져도 무방하다고 여긴다면, 기계에게 투표권을 주는 건 어떤가? 그렇다면 각 컴퓨터 프로그램은 한 표를 행사할 수 있어야 할까? … 컴퓨터 프로그램에 투표권을 주지 말아야 한다면, 기계의 마음을 사람의 마음과 비교해 차별하는 도덕적 근거는 무엇인가? 기계의 마음이 우리와 마찬가지로 주관적인 경험에 의한다는 것은 중요한가?"[37]

이와 같이 4차 산업혁명이 가져올 여러 가지 혁명적인 변화에 적응할 뿐만 아니라 파장을 일으킬 윤리적 문제에 잘 대처하기 위해서는 지식 전달(know-what)이나 노하우(know-how) 기술에 초점을 두었던 기존의 교육적 패러다임이 바뀌어야 한다. 기계와 인공지능이 이 분야에서는 인간을 훨씬 더 능가할 것이기 때문에 우리는 기계가 할 수 없는 영역에 주목하고 관련된 역량을 길러야 한다. 즉 각종 윤리적 사회적 문제에 대한 대처를 할 수 있고, 더 나아가 사람의 인식과 관점에 대한 통찰력을 기르며, 마음까지 감동시킬 수 있는 능력을 배양하는 교육으로 나아가야 하는 것이다. 이것이 바로 4차 산업혁명 시대에 인문학이 우리에게 가르쳐 줄 수 있는 것들이다.

따라서 "인공지능의 기기가 잘 할 수 있는 어느 특정 분야에 국한된 지식과 경험보다는, 두루 꿰뚫고 아우르고 슬기로운 판단을 내리는 지혜로운 사람이 되는 것을 지향"하는 교육, 다시 말해 "종합적인 시각과 사유를 할 수 있는 사람을 길러내는" 인문학적 교양 교육이 그 어느 시대보다 필요한 시점이다.[38] 이를 위해 이제는 물질과 기술에 대한 지식 전달을 넘어선 인간에 대한 서사(narrative)를 이해하고, 생활양식, 태도, 정신 자세 등 무형의 영역에서 "공공의 선을 추구하는 방향성"을 제시할 수 있는 인문학 교육이 실행되어야 한다.[39]

다시 시작하자!

"엄마, 저는 나중에 5단 합체 로봇이 될 거예요."

변신 로봇에 한창 빠져 있는 아이가 야무진 얼굴로 나에게 말했다. 웃음이 나왔지만 침착하게 "너는 로봇이 될 수는 없어. 하지만 로봇을 만들고 조정하는 사람은 될 수는 있지."라고 말해 주었다.

한참을 고민하던 아이는 나에게 물었다.

"로봇이랑 사람이랑 뭐가 달라요?"

수많은 대답들이 떠올랐지만 둘의 차이점을 아직 다섯 살에 불과한 우리 아이가 알아들을 수 있을 정도로 간단명료하게 설명해 주는 게 쉽지가 않았다. 나는 그저 아이를 꼭 안아 주면서 "로봇에게는 우리가 나눌 수 있는 이런 따뜻함이 없는 것 같아."라며 부디 아이가 나에게서 인간의 따뜻함을 느꼈으면 하고 바랐다.

그렇다. 아무리 로봇이 IQ로 대변되는 지능 면에서는 인간보다 더 뛰어난 기능을 가졌다고 하더라도 생명을 가진 우리가 공유하는 감성과 사랑, 공감 같은 따뜻함을 흉내 낼 수도, 복제할 수도 없다.

로봇과 AI의 발전은 지식과 정보 습득이라는 전통적인 교육의 패러다임을 위한 학습과 훈련의 중요성을 퇴색시켰다. 결국 우리가 집중해야 하는 것은 로봇이 더 잘할 수 있는 것이 아닌 로봇이 '할 수 없는' 것이다! 이에 우리는 다시금 교육의 미래에 대해 근본적인 질문을 던져야 한다.

미래는 과연 생명 존중과 인간성 회복으로 나아갈 것인가? 대답은 Yes와 No 둘 중 하나가 아니라 둘 모두이다. 다가오는 시대는 분업화 시대에서 융복합 시대로 나아가며 소유와 노동의 패러다임이 완전히 변화하게 될 것이다. 인공지능과 기술의 발전은 직업과 기업 그리고 정부의 역할까지도 바꾸어 놓을 것이며 이에 대해 인간이 로봇과 대결 구도로 갈 것인가 협업 구도로 갈 것인가는 현재를 살아가는 우리의 손에 달려 있다고 할 수 있다.

〈프롤로그〉에서 제기한 것처럼 인적자원과 교육정책이 인간과 로봇의 협업을 촉진시키고 선순환하는 방향으로 이루어진다면 우리가 바라는 장밋빛 미래는 도래할 것이다. 하지만 만약 이 전환이 제대로 이루어지지 않는다면 로봇의 발전은 인간의 자리를 대체할 것이다. 이 과정에서 수많은 직업이 사라져 버려서 실업자로 내몰린 사람들과 그 가족들은 사회 불안을 가속화하는 존재로 전락해 버릴지 모른다. 결국 인공지능과 자동화로 대변되는 4차 산업혁명이 우리 아이에게 미래를 선물해 줄 것인가 두려움과 절망을 선물할 것인가는 전환기에 있는 우리 세대가 어떻게 대처하고 준비하는지에 달려 있다고 할 수 있다.

영국 왕립협회(Royal Society)가 발간한 'Shut down or Re-start(없애 버리던가 아니면 다시 시작하던가)'라는 무시무시하면서 다소 도발적인 제목의 소프트웨어 교육 관련 보고서는 미래를 준비해야 하는 필요에 대한 급박함과 간절함에 대한 역설적인 성찰에서 비롯되었다. 이 보고서는 전통적인 교육 패러다임으로는 다가오는 급진적인 변화를 도저히 감당할 수 없기에 교육을 근본적으로 바꾸는 개혁이 필요하다고 주장한다.

효과적인 교육개혁을 위해선 그 개혁의 대상이 되는 아이들에 대한 이해가 선행되어야 한다. 우리의 아이들은 디지털 네이티브 세대(Digital Native Generation)로 태어날 때부터 모바일 및 인터넷 네트워크에 자연스럽게 접속된 문화 속에서 자라났다. 또한 다양한 플랫폼과 기기 그리고 테크놀로지에 익숙하여 그것들을 자유자재로 사용할 수 있는 세대이다. 그뿐만 아니라 이들은 자신에게 주어진 과제는 물론 흥미가 생기는 주제 및 프로젝트를 적극적으로 찾아내고 다른 사람들과 온·오프라인에서 소통하는 것을 즐기는 세대이기도 하다.

게임과 미디어 속의 가상 세계를 현실의 세계 못지않게 활보하는 우리 아이들에게 이제 기존의 일방향적이고 교과서 중심적인 교육이 따분하게 느껴지는 것은 당연할 수밖에 없다. 세상이 이미 너무

Re·스타트, 다시 시작하는 교육

나 달라졌는데 학교에서 경험하는 교육은 너무나 자신들의 경험과 세계관과는 동떨어져 있기 때문이다.

교육개혁은 멀리에서부터 시작해야 하는 것이 아니다. 프로그램이나 정책에 있지 않을 수도 있다. 오히려 개혁과 변화란 미래 세대들에 대한 깊은 관심과 통찰을 통해서 시작할 수 있다. 미래 세대가 살아가고 있는 사회에 대한 이해를 바탕으로 이들이 앞으로 마주하게 될 사회에 대한 꿈에 동참하면서 그들에게 필요한 역량을 키워 주는 것이 진정한 의미에서의 개혁일 것이다.

세계의 각국들이 발 빠르게 4차 산업혁명을 준비하고 있다. 이들은 4차 산업혁명이 가지고 올 사회적 국가적 파장을 분석하고 예상하며 미래 인재가 갖춰야 할 핵심 역량과 융복합 시대의 교육의 역할에 대해 진지하게 고민하며 교육개혁을 함께 만들어 가고 있다.

대표적으로 '현상기반학습'을 바탕으로 과목의 구분 없이 하나의 프로젝트 혹은 주제 아래 통합하여 학생들로 하여금 융합적, 전체적 사고를 배우게 하는 핀란드는 의미 있는 참고 사례이다.

그리고 미국은 4차 산업혁명을 주도하는 기업들을 위시하여 다양한 소프트웨어 교육과 STEM 교육 프로그램 및 프로젝트를 시도하고 있으며, 과목 중심에서 역량 중심으로 교육제도를 개편하기 위해서 연방정부를 비롯한 주 정부 레벨에서도 다양한 교육적 실험을 시도하는 중이다.

에스토니아나 인도 같은 개발도상국에서도 다양한 소프트웨어 교육을 실시하며 코딩 같은 프로그래밍 및 기술적 측면뿐만 아니라 컴퓨터적 사고(Computational Thinking)와 같은 인지적 측면에서의 발전에도 힘쓰고 있다.

영국과 프랑스 같은 유럽 국가에서는 기술의 진보에 인간의 감성을 강화할 수 있는 미디어 및 예술교육에 힘쓰고 있으며, 비판적 사고와 같은 인문학적 소양을 가미한 교육과정을 오히려 강화함으로써 인공지능 및 자동화 시대를 인간적인 사회 및 문화로 변모시키기 위한 다양한 교육적 시도를 하고 있는 중이다.

이에 비해 우리나라는 4차 산업혁명 시대를 준비하고 있는가? 4차 산업혁명으로 세계와 경쟁하기 위해 창의성 교육과 감성 교육, 융합 교육 등 이전의 패러다임과 전혀 다른 교육개혁이 절실해지는 시대에 더 멀리 보고 좀 더 근본적인 개혁을 해 달라는 요구들은 많지만 우리의 교육개혁은 대입 제도 개편과 같은 지엽적인 논의에 매몰되어 있는 듯하다. 다시 말하면 여전히 전통적인 패러다임 속에 갇혀서 미래 교육을 위한 발걸음을 떼지 못하고 있다고 할 수 있다. 이제는 우리의 교육을 다시금 되돌아보고 새로운 시대를 대비하는 미래형 교육을 논의해야 하는 때이다.

그렇다고 해외의 사례를 무비판적으로 수용하자고 제안하는 것은 아니다. 실제로 과거 외국에서 유행하는 혁신적인 교육 방법이나 학교교육 모델을 수입하여 이를 실천하면 수업도 바뀌고 학생들에게 의미 있는 변화를 이끌 것이라 기대했었다. 하지만 우리는 사회적인 공감대와 문화를 변화시키지 않는 한 어떤 변화도 무의미하다는 걸 보았다. 세계 선진 교육의 방향에 대한 이해를 통해 미래 교육의 진면교사(眞面敎師)로 삼아야 한다. 새로운 사회의 청사진에 대한 사회적인 공감대를 바탕으로 미래 교육에 대한 근본적인 사고의 전환이 이루어져야만 우리 교육은 달라질 것이다.

세계는 이미 뛰고 있다. 우리 교육의 미래를 바르게 설정하지 못하면 다음 세대는 희망보다는 절망과 좌절, 슬픔의 과정을 밟을 수도 있는 전환기에 서 있다. 우리는 다음 세대의 미래를 준비시킬 수 있는 새로운 교육을 위해 다시 시작, Re-start해야 한다.

1장

1   Steadman, I., 〈IBMs Watson is better at diagnosing cancer than human doctors〉, 《Wired》(11 February. 2013), Retrieved from https://www.wired.co.uk/article/ibm-watson-medical-doctor; 《IBM Watson for Oncology》, Retrieved from https://www.ibm.com/products/clinical-decision-support-oncology

2   Murphy, M., 〈People are confusing computer-generated music with the works of J.S. Bach〉, 《Quartz》(27 August. 2015), https://qz.com/488701/humans-are-confusing-music-composed-by-a-computer-for-j-s-bach/

3   〈Project Magenta: Music and Art with Machine Learning(Google I/O '17)〉, Youtube Link, https://www.youtube.com/watch?v=2FAjQ6R_bf0

4   연합뉴스,〈일본에 나타난 인공지능 SF 단편 소설가〉, 《Huffpost》(2016년 3월 22일), https://www.huffingtonpost.kr/2016/03/21/story_n_9519438.html

5   Schwab, K., 〈The Fourth Industrial Revolution: What It Means and How to Respond〉, 《Foreign Affairs》(12 December. 2015), https://www.foreignaffairs.com/articles/2015-12-12/fourth-industrial-revolution

6   최진기, 《한 권으로 정리하는 4차 산업혁명》(2018), 이지퍼블리싱

7   DeVos, B., 〈Does this look familiar? Students lined up in rows. A teacher in front of a blackboard. Sit down; don't talk; eyes up front. Wait for the bell. Walk to the next class. Everything about our lives has moved beyond the industrial era. But American education largely hasn't〉(March 6. 2018) Tweeter, #SXSWEDU pic.twitter.com/kyy2r7bTud"; Steuer, C., 〈American schools are modeled after factories and treat students like widgets. Right? Wrong〉, 《Washington Post》, ISSN 0190-8286, https://news.holycross.edu/blog/2015/10/15/american-schools-are-modeled-after-factories-and-treat-students-like-widgets-right-wrong/

8   Schwab, K., 〈The Fourth Industrial Revolution: What It Means and How to Respond〉, 《Foreign Affairs》(12 December, 2015), Retrieved from https://www.foreignaffairs.com/articles/2015-12-12/fourth-industrial-revolution

9   제레미 리프킨 지음, 이희재 옮김, 《소유의 종말》(2001), 민음사

10   최한수, 〈각국의 기본소득 실험과 정책적 시사점〉(2017년 5월); 〈'월 72만원' 핀란드 기본소득 실험 실패? 설계자 "가짜뉴스다"〉, 《한겨레신문》(2018년 5월 4일)

11   클라우스 슈밥 지음, 송경진 옮김, 《클라우스 슈밥의 제4차 산업혁명》(2016), 새로운 현재, 66쪽

12   Yang, A., 《The War on Normal People: The Truth About America's Disappearing Jobs and Why Universal Basic Income is Our Future》(2018). New York and Boston: Hachette Books

13   Furman, J., Holdren, J., Munoz, C., Smith, M., and Zients, J., 〈Artificial Intelligence, Automation, and the Economy〉, 《Executive Office of the President》(20 December 2016), p. 14

14   McKinsey Global Institute, 《Jobs Lost, Jobs Gained: Workforce Transitions in a Time of Automation》(December 2017), p. 9, Retrieved from https://www.mckinsey.com/~/media/McKinsey/Featured%20Insights/Future%20of%20Organizations/What%20the%20future%20of%20work%20will%20mean%20for%20jobs%20skills%20and%20wages/MGI-Jobs-Lost-Jobs-Gained-Executive-summary-December-6-2017.ashx

15   World Economic Forum, 《The Future of Jobs: Employment, Skills and Workforce Strategy for the Fourth Industrial Revolution》(January 2016), p. 3, Retrieved from http://www3.weforum.org/docs/WEF_Future_of_Jobs.pdf

16   박가열 외, 《기술변화에 따른 일자리 영향 연구》(2016년 10월 31일), 한국고용정보원, 67쪽

17   에릭 브린욜프슨, 앤드류 맥아피 지음, 이한음 옮김, 《제2의 기계시대》, 청림출판, 178-182쪽

18   박영숙 제롬 글렌, 《일자리 혁명 2030》(2017), 비즈니스북스

19   World Economic Forum, 《The Future of Jobs》(2016), p. 13

20   위의 보고서(WEF)

21   The McKinsey Global Institute, 《Big data: The next frontier for innovation, competition, and productivity》(May 2011), p 3

22   박영숙, 제롬 글렌, 《일자리 혁명 2030》(2017), 비즈니스북스

23   김영준, 〈과학핫이슈 – 하이퍼루프〉, 《전자신문》(2018년 10월 28일)

24   신동윤, 〈3D 프린터, 신산업혁명을 프린팅하다〉, 《헤럴드 경제》(2015년 8월 3일)

25   Tess, 〈Behrokh Khoshnevis wants to 3D print houses with Contour Crafting on earth and on the moon⟩, 《www.3ders.org》(2 August 2016), Retrieved from https://www.3ders.org/articles/20160802-berok-khoshnevis-wants-to-3d-print-houses-with-contour-crafting-on-earth-and-on-the-moon.html

26　James T., ⟨Materials optimization: formulating bioinks for 3D printed constructs⟩, 《Physics world》(7 March, 2018), Retrieved from https://physicsworld.com/a/materials-optimization-formulating-bioinks-for-3d-printed-constructs/

27　World Economic Forum, 《The Future of Jobs》(2016), p.17

28　World Economic Forum, 《The Future of Jobs》(2016), p.12

29　Davidson, Cathy N., 《Now You See It: How Technology and Brain Science Will Transform Schools and Business for the 21st Century》(2013), Penguin Books

30　류태호, 《4차 산업혁명, 교육이 희망이다》(2017), 경희대학교 출판문화원, 17쪽

31　류태호, 《4차 산업혁명, 교육이 희망이다》(2017), 경희대학교 출판문화원, 34쪽

32　Levy, F., & Murnane, R. J., 《Dancing with robots: Human skills for computerized work》(2013), Washington, DC: Third Way NEXT

33　Deming, D. J.⟨The growing importance of social skills in the labor market⟩, 《The Quarterly Journal of Economics》132(4), (2017), pp. 1593-1640

34　World Economic Forum, ⟨New Vision for Education: Fostering Social and Emotional Learning through Technology⟩(2016)

35　Durlak, Joseph A., et al., ⟨The Impact of Enhancing Students' Social and Emotional Learning: A Meta-Analysis of School-Based Universal Interventions⟩, 《Child Development》(January/February 2011) vol. 82

36　Schweinhart, Lawrence J., ⟨Benefits, Costs, and Explanation of the High/Scope Perry Preschool Program⟩, 《High/Scope Educational Research Foundation》(26 April, 2003), Retrieved from https://eric.ed.gov/?id=ED475597

37　OECD, ⟨Skills for Social Progress: The Power of Social and Emotional Skills⟩(2015), Retrieved from http://www.oecd.org/education/skills-for-social-progress-9789264226159-en.htm

38　류태호, 《4차 산업혁명, 교육이 희망이다》(2017), 경희대학교 출판문화원, 40쪽

39　류태호, 《4차 산업혁명, 교육이 희망이다》(2017), 경희대학교 출판문화원, 141쪽

40　김선, ⟨마음의 교육학⟩, 《지식의 지평》(2018), 대우재단, 1-14쪽

41　김선, ⟨마음의 교육학⟩, 《지식의 지평》(2018), 대우재단, 1-14쪽

42　Henry, J., 《Culture against man》(1963), New York: Random House

43　파커 파머, 이종태 옮김, 《가르침과 배움의 영성》(2011), IVP, 55쪽

44　이 섹션의 상당 부분은 저자의 비교교육학 저서인 《교육의 차이》(2018, 혜화동)를 인용했음을 밝혀 둔다.

45 Ministry of Education and Culture, 《The new core curriculum for basic education emphasis as the joy of learning》(25 March, 2015), https://minedu.fi/en/article/-/asset_publisher/the-new-core-curriculum-for-basic-education-emphasises-the-joy-of-learning

46 Teodora Z., 〈The Latest School Reform in Finland Introduces a New Way to Look at Subjects〉, 《Big Think》(14 November, 2016), https://bigthink.com/design-for-good/the-latest-school-reform-in-finland-introduces-a-new-way-to-look-at-subjects

47 Spiller, P., 〈Could subjects soon be a thing of the past in Finland?〉, 《BBC News》(29 May, 2017), http://www.bbc.com/news/world-europe-39889523

48 Veronica, P., 〈Laptop for every pupil in Uruguay〉《BBC News》(16 October, 2009), Retrieved from http://news.bbc.co.uk/2/hi/8309583.stm

49 김열매, 《블록체인(Blockchain)과 디지털 경제-비트코인 버블 논란과 블록체인의 미래에 대한 생각》, (2017년 11월 16일), 유진투자증권, 34쪽

50 이장훈, 〈스타트업의 성지가 된 에스토니아 성공 비결〉, 《한국경제매거진》(2018년 7월), http://magazine.hankyung.com/money/apps/news?popup=0&nid=02&c1=2002&nkey=2018070200158097642&mode=sub_view

51 장진원, 〈에스토니아, 코딩 교육으로 경제 기적〉, 《한경 매거진》(2015년 4월 8일)

2장

1 Brickman, S.F., 〈Not-so-artificial Intelligence〉, 《The Harvard Crimson》(2003), Retrieved from
https://www.thecrimson.com/article/2003/10/23/not-so-artificial-intelligence-for-his-high-school/

2 최유진, 장재혁, 《세계 최고의 학교는 왜 인성에 집중할까: 하버드가 선정한 미국 최고 명문고의 1% 창의 인재 교육법》(2014), 다산 에듀, 33-34쪽

3 교육부, 《소프트웨어 교육 운영 지침》(2015), 4쪽

4 신지후, 〈시행 7개월 앞인데… 길 못 찾는 코딩 교육〉, 《한국일보》(2017년 7월 14일)

5 김갑수 〈미국 영국 독일 컴퓨터 교육과정에서 한국 컴퓨터 교육의 시사점〉, 《정보교육학회논문지》20(4), (2016), 422쪽

6 김갑수 앞의 논문, 422쪽

7 정영식, 〈2015 개정 교육과정을 대비한 교육대학교의 소프트웨어 교육과성에 대한 수요 분석〉, 《정보교육학회논문지》20(1), (2016), 84쪽

8 위의 논문, 85쪽

9 교육부, 《소프트웨어 교육 운영 지침》(2015), 3쪽

10 정영식, 〈2015 개정 교육과정을 대비한 교육대학교의 소프트웨어 교육과정에 대한 수요 분석〉,《정보교육학회논문지》20(1), (2016), 85쪽

11 정인기, 〈Computational Thinking 기반의 초등학교 동아리 활동용 프로그래밍 교육 교재의 개발〉,《정보교육학회논문지》19(2), (2015), 244쪽

12 Guszcza, J., Lewis, H., Evans-Greenwood, P., 〈인지적 협동: 왜 인간과 컴퓨터의 협력적 사고가 더 나은 결과를 내는가〉,《Deloitte Review》20, (2017), 8-27쪽

13 정인기, 위의 논문, 244쪽

14 〈Computational Thinking〉, Retrieved from https://codecn.top/curriculum/course3/1/Teacher

15 https://el.media.mit.edu/logo-foundation/what_is_logo/logo_and_learning.html

16 Loveless, A. and Williamson, B., 《Learning Identities in a Digital Age》(2013), Abingdon: Routledge, p. 45

17 Papert, S., 《Mindstorms: Children, Computers and Powerful Ideas》(1980), New York: Basic Books

18 이영호, 구덕회, 〈메이커 교육을 위한 모방 학습 기반 교수 학습 모형 개발〉,《정보교육학회 학술 논문집》(2018), 12쪽

19 The Royal Society, 《Shut down or restart?: The way forward for computing in UK schools》(January 2012); Dickins, Jonathan, 《Code Club Annual Survey 2018 Report》(February 2019). The Raspberry Pi Foundation

20 Wakefield, J., 〈Government urged to act over computer science GCSEs〉,《BBC News》(10 November, 2017), https://www.bbc.com/news/technology-41928847

21 Richtel, M., 〈Reading, Writing, Arithmetic, and Now Coding〉,《The New York Times》(11 May, 2014), Retrieved from https://www.nytimes.com/2014/05/11/us/reading-writing-arithmetic-and-lately-coding.html

22 〈Hello Ruby website〉, https://www.helloruby.com/; Deruy, Emily. 〈In Finland, Kids Learn Computer Science Without Computers〉,《The Atlantic》(24 February, 2017), https://www.theatlantic.com/education/archive/2017/02/teaching-computer-science-without-computers/517548/

23 〈Hello Ruby website〉, Retrieved from https://www.helloruby.com/

24 문미예, 김갑수, 〈초등학생을 위한 Python 프로그래밍 언어 교육 방안 연구〉,《정보교육학회 학술논문집》(2018), 34쪽

25 위의 논문, 34쪽

26 정인기, 〈Computational Thinking 기반의 초등학교 동아리 활동용 프로그래밍 교육 교재의 개발〉,《정보교육학회논문지》19(2), (2015), 246쪽

27 강동완, 김승현, 김용민, 홍현미, 김종훈, 〈마이크로비트를 활용한 알고리즘 기반

SW교육이 초등학생 창의성에 미치는 효과〉, 《정보교육학회논문지》22(2), (2018), 288쪽

28 Resnick, M., 〈Give P's a chance: Projects, peers, passion, play〉, 《Constructionism and creativity: Proceedings of the Third International Constructionism Conference. Austrian Computer Society, Vienna》(August 2014), pp. 13-20

29 Fendler, L., 〈Educating flexible souls: The construction of subjectivity through developmentality and interaction〉 in K. Hultqvist & G. Dahlberg (eds.) 《Governing the Chid in the New Millennium》(2001), London: RoutledgeFalmer, p. 119

30 Berstein, B., 〈Social class and pedagogic practice〉 in S. J. Ball (ed.) 《The RoutledgeFalmer Reader in Sociology of Education》(2004), Abingdon: RoutledgeFalmer, pp. 196-217

31 Loveless, A. and Williamson, B., 《Learning Identities in a Digital Age》(2013), Abingdon: Routledge, p. 49

32 김현철, 〈초, 중등 소프트웨어 정보 교육의 현황과 문제점〉, 《한국컴퓨터교육학회, 제112회 교육정보화 수요 포럼》(2014년 9월 24일)

3장

1 히로나카 헤이스케, 《학문의 즐거움》(2008), 김영사. 56-57쪽

2 위의 책, 22쪽

3 교육부, 《2018년 국가수준 학업성취도 평가 결과》(2019. 03), https://www.moe.go.kr

4 OECD, 《PISA 2012 Results》, www.oecd.org > pisa > keyfindings > pisa-2012-results

5 Beck, J. and Wade, M., 《Got Game: How the Gamer Generation is Reshaping Business Forever》(2004), Harvard Business School Press

6 홍현미, 〈융합인재교육(STEAM)을 위한 플립러닝 수업설계원리 개발 연구〉, 《서울대학교 박사 논문》(2017), 22쪽

7 이강봉, 〈아이디어 번뜩이는 Steam 교육 사례〉, 《The Science Times》(2011년 7월 20일), Retrieved from https://www.sciencetimes.co.kr//?news=아이디어-번뜩이는-steam-교육-사례

8 홍현미, 〈융합인재교육(STEAM)을 위한 플립러닝 수업설계원리 개발 연구〉, 《서울대학교 박사 논문》(2017), 55쪽

9 The World Bank, 〈Uruguay: Children connected to the World and to their Future〉 (2 August, 2012), Retrieved from https://www.worldbank.org/en/news/feature/2012/08/03/

one-laptop-per-child

10 Katie Salen, Youtube, 《Katie Salen on the Power of Game-Based Learning (Big Thinkers Series) [Youtube, uploaded by Ted Talks]》(2013. 07. 13.)

11 Pew Research Center, 《Teens, Video Games, and Civics》(2008), US: Pew Research Center, https://www.pewresearch.org/internet/2008/09/16/teens-video-games-and-civics/

12 Pew Research Center, 위의 보고서

13 에드워드 윌슨, 《지식의 대통합 통섭》(2005), 서울: 사이언스북스, 130-131쪽

14 Danesi, M., 〈Learning and Teaching Mathematics〉, 《The Global Village: Math Education in the Digital Age》(2016), Springer, pp. 30-31

15 나귀수 외, 〈미래 시대의 수학교육 방향에 대한 연구〉, 《수학교육학연구》28(4), (2018), 437-478쪽, 463쪽

16 The Open University, 《Innovating pedagogy 2017》(2017), United Kingdom: The Open University, https://iet.open.ac.uk/file/innovating_pedagogy_2014.pdf

17 위의 책, 464쪽

18 World Economic Forum, 《The future of jobs: Employment, skills and workforce strategy for the fourth industrial revolution》(2016a), World Economic Forum.

19 인터넷으로 인도하는 사회·문화적 체계.

20 Danesi, M., 《Learning and Teaching Mathematics in the Global Village: Math Education in the Digital Age》(2016), Springer, p. 54

21 Wolfram, C., 《Teaching kids real math with computers [Youtube, uploaded by Ted Talks]》(November 15, 2010), Retrieved from https://www.youtube.com/watch?v=60OVlfAUPJg; 나귀수 외(2018), 468쪽에서 재 인용

22 신문승, 〈싱가포르와 핀란드의 수월성 교육 체제 비교 연구〉, 《영재와 영재교육》, 16(4), (2018), 40쪽

23 현재 핀란드에서 모든 수업을 현상기반학습으로 바꾼 것은 아니며, 정규 교과목 외에 실험적으로 이 수업을 도입해서 시행해 보고 있다.

24 Finnish National Board of Education, 〈National core curriculum for basic education 2014〉(2016), Finnish National Board of Education

25 나귀수 외 위의 책, 452쪽

26 독일은 주마다 교육과정을 독립적으로 운영하고 있기에, 여기서 드는 예시는 브란덴부르크 주와 베를린 주를 기본으로 한다.

27 송륜진, 주미경, 〈비판적 수학교육의 원리와 방법 탐색: 프로그램 개발을 위한 기초연구로서〉, 《대한수학교육학회지 수학교육학연구》 27(4), (2017), 857-888쪽

28 송륜진, 주미경 앞의 논문, 882쪽

29 文部科学省, 《小学校学習指導要領解説》(2017a), 文部科学省, 325쪽

30 Mevarech, Z. and B. Kramarski,《Critical Maths for Innovative Societies: The Role of Metacognitive Pedagogies》(2014), OECD Publication: Paris, p. 45, http://dx.doi.org/10.1787/9789264223561-en

31 위의 책, p. 73

32 https://oceantracks.org/curriculum

33 Busey, A., Krumhansl, R., Mueller-Northcott, J., Louie, J., Kochevar, R., Krumhansl, K. and Zetterlind, V., 〈Harvesting a Sea of Data: Using authentic data to investigate marine migrations〉,《The Science Teacher》82(5), (Summer 2015), pp. 43-49

34 Ferguson, R., Barzilai, S., Ben-Zvi, D., Chinn, C. A., Herodotou, C., Hod, Y., Kali, Y., Kukulska-Hulme, A., Kupermintz, H., McAndrew, P., Rienties, B., Sagy, O., Scanlon, E., Sharples, M., Weller, M., & Whitelock, D.,《Innovating Pedagogy 2017》(2017), Milton Keynes: The Open University, UK.; Innovating Pedagogy 2017 (한국어판) 교육자와 정책입안자를 위한 새로운 형태의 교수, 학습, 평가에 대한 모색, Open University Innovation Report

35 〈Quest to Learn Website〉, Retrieved from https://www.q2l.org/

36 〈Project Lead the Way Website〉, https://www.pltw.org/

37 Murayama, K., Pekrun, R., Lichtenfeld, S., & Vom Hofe, R., 〈Predicting long-term growth in students' mathematics achievement: The unique contributions of motivation and cognitive strategies〉,《Child development》84(4), (2013), pp. 1475-1490

38 Murayama, K., Pekrun, R., Lichtenfeld, S., & Vom Hofe, R., 위의 논문

39 Yeager, D. S., & Dweck, C. S., 〈Mindsets that promote resilience: When students believe that personal characteristics can be developed〉,《Educational psychologist》47(4), (2012), pp. 302-314

40 캐롤 드웩 지음, 정명진 옮김,《성공의 새로운 심리학》(2011), 부글북스, 109쪽

41 박영숙, 제롬 글렌,《일자리 혁명 2030》(2017), 비즈니스북스, 173쪽

4장

1 에마뉘엘 아나티 지음, 이승재 옮김,《예술의 기원: 5만년 전 태초의 예술을 찾아》(2008), 바다출판사, 31쪽

2 알랭 드 보통 · 존 암스트롱 지음, 김한영 옮김,《알랭드 보통의 영혼의 미술관》(2018), 문학동네, 40쪽

3 에드워드 윌슨 지음, 장대익, 최재천 옮김,《통섭: 지식의 대통합》(2005), 사이언스북스, 389쪽

4   다니엘 핑크, 김명철 옮김, 《새로운 미래가 온다》(2012), 한국경제신문사, 34쪽

5   조선일보, 〈'인류의 과제에 도전한다' 유발 하라리 교수 인터뷰: AI 시대의 교육법, 上〉(2017년 3월 21일), http://news.chosun.com/site/data/html_dir/2017/03/21/2017032100223.html

6   에드워드 윌슨 지음, 장대익, 최재천 옮김, 《통섭: 지식의 대통합》(2005), 사이언스북스, 363쪽

7   에드워드 윌슨 지음, 장대익, 최재천 옮김, 위의 책, 364-365쪽

8   Levin, G., 〈New Media Artworks: Prequels to Everyday Life〉, 《Wired》(19 July, 2009), Retrieved from https://www.wired.com/2010/06/new-media-artworks-prequels-to-everyday-life/

9   정장진, 《미술을 알아야 산다: 4차 산업 혁명의 전제》(2018), 미메시스

10   김민재, 〈제4차 산업혁명 시대의 미디어를 이용한 미술교육 프로그램 개발〉(2019) 《성신여자대학교 교육대학원 석사 논문》, 33-34쪽, 재 인용

11   Frey, C. B. & Osborne, M.A., 〈The future of employment: How susceptible are jobs to computerisation?〉, 《Working paper, Oxford Martin School》(17 September, 2013), https://www.oxfordmartin.ox.ac.uk/downloads/academic/The_Future_of_Employment.pdf

12   진중권, 《진중권의 테크노 인문학의 구상》(2016), 창비

13   에드워드 윌슨 지음, 장대익, 최재천 옮김, 《통섭: 지식의 대통합》(2005), 사이언스북스, 369쪽

14   Schwab, K., 〈The Fourth Industrial Revolution: What It Means and How to Respond〉, 《Foreign Affairs》(12 December, 2015), https://www.foreignaffairs.com/articles/2015-12-12/fourth-industrial-revolution

15   이지언, 김미숙, 고은실, 〈디지털 아트 미학과 4차 산업혁명 시대의 예술교육〉, 《한국연기예술학회 학술대회》(2017), 207쪽

16   고은실, 〈4차 산업혁명시대의 창조적 활용과 문화 계승〉, 《미술교육논총》32(1), (2018), 43쪽

17   최윤식, 김건주, 《2030 기회의 대이동》(2014), 김영사, 33쪽, 225쪽

18   Gardner, H., 《Creating Minds: An Anatomy of Creativity Seen Through the Lives of Freud, Einstein, Picasso, Stravinsky, Eliot, Graham, and Ghandi》(1993), Basic Books: New York, p. 38

19   Gardner, H., 앞의 책, p. 35

20   Amabile, T., 〈Big C, Little C, Howard, and Me: Approaches to Understanding Creativity〉, 《Harvard Business School Working Paper》(30 September, 2012), pp.1-23

21   채널예스 〈[작가 강연회] 몰입, 무아지경의 행복감-『몰입의 경영』 저자 미하이 칙센트미하이 박사〉, Retrieved from http://ch.yes24.com/Article/View/13782

22 Elgammal, A., Liu, B., Elhoseiny, M., & Mazzone, M., 〈Can: Creative adversarial networks, generating "art" by learning about styles and deviating from style norms〉(23 June, 2017), 《the eighth International Conference on Computational Creativity (ICCC)》, https://arxiv.org/pdf/1706.07068v1.pdf

23 고은실, 〈4차 산업혁명시대의 창조적 활용과 문화 계승〉, 《미술교육논총》32(1), (2018), 47쪽

24 김지수, 〈예술가들이여, 붓을 놓아라! 이젠 가상현실의 시대... 구글 틸트 브러쉬〉, 《아시아투데이뉴스》(2016년 5월 11일)

25 이경아, 〈4차 산업혁명의 관점으로 본 미술교육 전망〉, 《미술교육논총》31(4), (2017), 38쪽

26 Magenta Studio, https://magenta.tensorflow.org/studio-announce

27 Lee, J., 〈Robot Pianist vs. Human Pianist〉, 《Orchestra Story》(5 June, 2018), http://www.orchestrastory.com/en/Robot-pianist-vs-person-pianist/

28 Knight, N., 〈Kate Moss and Naomi Campbell in 3-D: The art of photographic sculpture〉, 《CNN style》(1 December,2016), http://edition.cnn.com/style/article/photographer-nick-knight-photographic-sculpture-op-ed/index.html

29 김시내, 〈소프트웨어 사회, 빅데이터 그리고 미술교육〉, 《예술교육연구》16(3), (2018), 42쪽

30 Martinez, S. and Stager, G. 지음, 송기봉, 김상균 옮김, 《메이커 혁명, 교육을 통합하다》(2013), 홍릉과학출판사, 21쪽

31 이현민, 〈4차 산업혁명 시대의 박물관에서의 메이커 교육〉, 《문화예술교육연구》12(2), (2017), 87쪽

32 Blikstein, P., Martinez, S. L. and Pang, H. A., 《Meaningful making: Projects and inspirations for fab labs and makerspaces》(2016), Modern Knowledge Press

33 Martinez, S. and Stager, G. 지음, 송기봉, 김상균 옮김, 《메이커 혁명, 교육을 통합하다》(2013), 홍릉과학출판사, 109쪽 재구성

34 문화체육관광부, 《문화예술교육 종합계획(2018-2022)》(2018.1)

35 메이커교육실천 기획, 《시민 메이커교육 가이드북》(2019), Retrieved from http://makered.or.kr/wp-content/uploads/2019/04/시민-메이커교육-가이드북_웹용.pdf

36 교육청, 《[기자회견] 서울형 메이커교육 중장기 발전계획발표》(2017년 11월 1일), Retrieved from http://enews.sen.go.kr/news/view.do?bbsSn=149115

37 영국의 미디어 교육에 대한 부분은 필자의 한국청소년정책연구원 영국 해외 통신 리포트에서 발췌한 것이다.

38 위와 같음, pp. 11-12

39 Buckingham, 앞의 책, p. 37

40 Elgammal, A., Liu, B., Elhoseiny, M., & Mazzone, M. 〈Can: Creative adversarial networks, generating" art" by learning about styles and deviating from style norms〉(23 June, 2017), the eighth International Conference on Computational Creativity (ICCC), pp. 1-22, https://arxiv.org/pdf/1706.07068.pdf

41 DCSM, 《Media Literacy Statement: A General Statement of Policy by the DCMS on Media Literacy and Critical Viewing Skills》(2001), London: HMSO, Para 3.1

42 Buckingham, D., 〈Media Education: A Global Strategy for Development. Policy Paper for UNESCO〉, 《Youth Media Education》(2002), Paris: UNESCO Communication Development Division, p. 10

43 UNESCO, 〈Education transforms lives〉, Retrieved from http://www.unesco.org/education/pdf/MEDIA_E.PDF

44 이희승, 〈디지털 시대 프랑스의 미디어 교육 분석을 통한 시사점 고찰〉, 《융합정보논문지》9(6), (2019), 140-145쪽

45 이하늬, 〈프랑스 아이들은 '샤를리앱도'를 주제로 신문을 만든다〉, 《미디어오늘》(2015년 11월 30일), http://www.mediatoday.co.kr/news/articleView.html?idxno=126343

46 이희승, 〈디지털 시대 프랑스의 미디어 교육 분석을 통한 시사점 고찰〉, 《융합정보논문지》9(6), (2019), 143쪽; 저자 번역

47 이희승, 〈디지털 시대 프랑스의 미디어 교육 분석을 통한 시사점 고찰〉, 《융합정보논문지》9(6), (2019), 140-145쪽

48 금준경, 이하늬, 〈정치·사회 가르치지 않는 미디어교육은 '무용지물'〉, 《미디어 오늘》(2015년 11월 16일), http://www.mediatoday.co.kr/news/articleView.html?idxno=126104

49 하워드 가드너 지음, 문용린, 유경재 옮김, 《다중지능》(2006), 서울: 웅진 지식하우스, 177쪽

50 서원주, 〈서구 박물관(미술관)교육의 역사〉, 최종호 외 《한국박물관교육학》(2010), 서울: 문음사, 51쪽

51 Misato, F., 《The Collection Catalog of 21st Century Museum of Contemporary Art》(2011), Kanazawa; 김선영, 《예술로 읽는 4차 산업혁명》(2018), 별, 160쪽 재 인용

52 김선영, 《예술로 읽는 4차 산업혁명》(2018), 별

53 하워드 가드너 지음, 문용린, 유경재 옮김, 《다중지능》(2006), 서울: 웅진 지식하우스, 174쪽

54 최종호, 〈한국 박물관교육의 시원과 질적 성장을 위한 박물관교육 방법론 연구〉, 《박물관 교육》(2017), 국립중앙박물관, 11쪽

55 최종호, 위의 논문, 12-13쪽

56 채현숙, 〈박물관, 미술관 교육에 관한 몇 가지 문제들〉, 《arte[365]》(2005년 6월 25일), http://arte365.kr/?p=3265

57   Greene, M., 《Releasing the Imagination: Essays on Education, the Arts, and Social Change》(2000), Jossey-Bass; 최지영, 〈4차 산업혁명시대 예술교육의 필요성과 체험의 구조〉, 《한국무용교육학회지》28(4), (2017), 60쪽 재 인용

58   김시내, 〈소프트웨어 사회, 빅데이터 그리고 미술교육〉, 《예술교육연구》16(3), (2018), 48쪽

5장

1   한광택, 〈4차 산업혁명과 인문학 교육의 미래〉, 《비평과 이론》23(1), (2018), 38쪽

2   이현우, 〈구글·픽사·인텔이 인문학에 주목하는 이유〉, 《한경 매거진》(2017년 9월 27일) https://plus.hankyung.com/apps/newsinside.view?aid=201709219272A&category=&sns=y

3   송은주, 〈인문학적 관점에서 본 4차 산업혁명 담론과 교육의 방향: 일본과 독일의 사례를 중심으로〉, 《인문콘텐츠》52, (2019), 99쪽

4   홍석민, 〈4차 산업혁명 시대의 자유교양으로서의 역사 교육. 한국교양교육학회 학술대회 자료집〉(2018), 72쪽

5   김현정, 〈4차 산업혁명 시대의 인문교양교육의 역할과 방향〉, 《교양학연구》5, (2017), 111쪽

6   Bloom, A., 《The Closing of the American Mind》(1987), New York: Simon and Schuster, p. 252.; Roth, M. 지음, 최다인 옮김, 《대학의 배신》(2016), 지식프레임, 160~161쪽에서 재 인용

7   Nussbaum, M., 〈Education and Democratic Citizenship: Capabilities and Quality Education〉, 《Journal of Human Development》7(3), (2006), p. 394

8   손승남, 〈대학설립 초기의 교양교육 전통과 그 창조적 재생〉, 《교양교육연구》7(2), (2013), 202쪽

9   Tubbs, N., 《Philosophy and modern liberal arts education: freedom is to learn》(2014), Springer, p. 1

10   위의 책

11   손승남, 앞의 논문, 212쪽

12   본 섹션은 저자의 논문 김선 〈대학 융합교육을 통한 학습자의 지적, 인식론적, 관계적 성장 과정 연구: 영국 옥스퍼드 대학 PPE 과정 사례를 중심으로〉, 《교육문화연구》25(5 (A)), (2019), 151-170쪽에서 일부분 발췌하였다.

13   한광택, 〈4차 산업혁명과 인문학 교육의 미래〉, 《비평과 이론》23(1), (2018), 49쪽

14   한광택, 위의 논문, 49쪽

15 Rhoten, D., Boix-Mansilla, V., Chun, M., & Klein, J. T., 《Interdisciplinary education at liberal arts institutions》(2006), Teagle Foundation White Paper, p. 2

16 Boix-Mansilla, V., 〈Assessing Student work at Disciplinary Crossroads〉, 《Change》 37, (January/February 2005), p. 15

17 Roten et al., 앞의 책, p. 11

18 Klein, J. T., 〈Integrative learning and interdisciplinary studies〉, 《Peer Review》7(4), (2005), p. 10

19 Roten et al., 앞의 책, p. 10

20 Roten et. al, 앞의 책, p. 11

21 Dorsey, D. W., Campbell, G. E., Foster L. L., & Miles, D. E., 《Assessing knowledge structures: relations with experience and posttraining performance》, Human Performance, 12, (1999). pp. 31-57

22 Roten et al., 앞의 책, p. 11

23 Ivanitskaya, L., Clark, D., Montgomery, G. & Primeau, R., 〈Interdisciplinary Learning: Process and Outcomes〉, 《Innovative Higher Education》27(2), (2002), p. 108

24 Ivanitskaya et al., 위의 논문, p. 101

25 Ivanitskaya, L., Clark, D., Montgomery, G. & Primeau, R. 〈Interdisciplinary Learning: Process and Outcomes〉, 《Innovative Higher Education》27(2), (2002), p. 100에 서 발췌해서 정리

26 Flavell, J. H., 〈Metacognitive aspects of problem solving〉, 《The Nature of Intelligence》12, (1976), pp. 231-235; Flavell, J. H., 〈Meta-cognition and cognitive monitoring: A new area of cognitive-developmental inquiry〉, 《American Psychologist》 34(10), (1979), pp. 906-911

27 Gourgey, A., 〈Metacognition in basic skills instruction〉, 《Instructional Science》 26(1-2), (March 1998), p. 82

28 Boix-Mansilla, V. and Duraisingh, E., 〈Targeted Assessment of Students' Interdisciplinary Work: An Empirically Grounded Framework Proposed〉, 《The Journal of Higher Education》78(2), (2007), p. 222

29 Roten et al., 앞의 책, p. 39

30 홍석민, 〈4차 산업혁명 시대의 자유교양으로서의 역사 교육〉, 《한국교양교육학 회 학술대회 자료집》(2018), 74쪽

31 Ministry of Education and Culture, 《The new core curriculum for basic education emphasises the joy of learning》(25 March 2015), Retrieved from https://minedu.fi/en/article/-/asset_publisher/the-new-core-curriculum-for-basic-education-emphasises-the-joy-of-learning

32 본 섹션은 저자의 논문 김선 〈대학 융합교육을 통한 학습자의 지적, 인식론적, 관계적 성장 과정 연구: 영국 옥스퍼드 대학 PPE 과정 사례를 중심으로〉,《교육문화연구》25(5 (A)), (2019), 151-170쪽에서 일부분 발췌하였다.

33 Beckett, A., 〈PPE: the Oxford degree that runs Britain〉(23 February, 2017),《The guardian》, Retrieved from https://www.theguardian.com/education/2017/feb/23/ppe-oxford-university-degree-that-rules-britain

34 본 섹션은 저자의 청소년정책연구원 해외 특파원 리포트 〈영국편〉에서 발췌하였다.

35 Kuhn, D., 〈A Developmental Model of Critical Thinking〉,《Educational Researcher》28(2), (2011), pp. 16-25

36 Emerging Technology from the arXiv, 〈Why Self-Driving Cars Must Be Programmed to Kill〉,《MIT Technology Review》(22 October, 2015), Retrieved from https://www.technologyreview.com/s/542626/why-self-driving-cars-must-be-programmed-to-kill/

37 맥스 테그마크 지음, 백우진 옮김,《맥스 테그마크의 라이프 3.0: 인공지능이 열어갈 인류와 생명의 미래》(2017), 동아시아, 153-154쪽

38 안필규, 〈4차 산업혁명과 인문학〉,《한중인문학회 국제학술대회》(2018), 293쪽

39 조은별, 강미라, 〈인문사회 융합교육의 특성에 대한 교사 인식〉,《영재와 영재교육》17(1), (2018), 104쪽

──────── Re-스타트, 다시 시작하는 교육

Re-스타트, 다시 시작하는 교육

1판 1쇄 인쇄 2020년 1월 28일
1판 1쇄 발행 2020년 1월 31일

지은이	김선, 강성우
발행처	도서출판 혜화동
발행인	이상호
편집	권은경
주소	경기도 고양시 일산동구 위시티 4로 45, 405-102(10881)
등록	2017년 8월 16일 (제2017-000158호)
전화	070-8728-7484
팩스	031-624-5386
전자우편	hyehwadong79@naver.com

ISBN 979-11-90049-08-5 03370

이 도서는 한국출판문화산업진흥원의 '2019년 출판콘텐츠 창작 지원 사업'의 일환으로 국민체육진흥기금을 지원받아
제작되었습니다.